Die
Verfügungen in Grundbuchsachen.

Leitfaden

für

Grundbuchbeamte, Notare und Referendare

von

Max Löwenherz,
Amtsgerichtsrat und Grundbuchrichter in Cöln.

Berlin 1904.
J. Guttentag, Verlagsbuchhandlung,
G. m. b. H.

Vorwort.

Dieses Buch will nur ein kurzgefaßter Leitfaden sein. Deshalb konnten die schwierigen Fragen, welche das eheliche Güterrecht, das Bergrecht, das Recht der Aktiengesellschaften usw. mit sich bringen, naturgemäß nicht berücksichtigt werden. Übrigens wird ja auch der erfahrenste Grundbuchrichter an derartige Materien nicht herantreten, ohne zuvor die Gesetze, Kommentare und Entscheidungen sorgfältig geprüft zu haben. Wenn ich auch glaube, daß ich mit dem vorliegenden Buche einem längst vorhandenen Bedürfnisse entgegenkomme, so lasse ich es doch nicht ohne Zagen seine Reise antreten; denn ich sage mir, daß der Stoff — wäre er nicht so heikler Natur — seit Inkrafttreten des B.G.B. längst einen Bearbeiter gefunden haben würde. Wenn ich es gleichwohl gewagt habe, so ist es einerseits meine mehr als zwanzigjährige Erfahrung in Grundbuchsachen, die mir den Mut dazu verliehen hat, und anderseits die Hoffnung, daß das Buch mit Wohlwollen und Nachsicht aufgenommen werden möge. Anregungen und Berichtigungen der Leser zur Vervollständigung und Verbesserung meines Buches würde ich mit herzlichem Dank willkommen heißen. — So möge denn dieses jüngste meiner Bücher seine erste Wanderung antreten. Mit Gunst!

Cöln, im Januar 1904.

Max Löwenherz.

Inhaltsverzeichnis.

Erster Teil.

Zweiter Teil.

Benutzte Literatur.

Fuchs, Grundbuchrecht I. Teil.

Turnau-Förster, Liegenschaftsrecht.

Planck, Kommentar zum B.G.B. u. a.

Als Nachschlagebuch für die tägliche Praxis ist besonders zu empfehlen: Köllner, Die Rechtsprechung in grundbuchrechtlichen Fragen unter neuem Rechte, 2 Teile, wenn man auch den Zusatzbemerkungen nicht überall beipflichten kann. Die Abkürzungen G.B.O. (Grundbuchordnung), K.G. (Kammergericht), wie auch die sonstigen Abkürzungen bedürfen keiner Erklärung. R (1 S. 5) bedeutet Rechtsprechung der Oberlandesgerichte (Band 1 S. 5), herausgegeben von Mugdan-Falkmann.

Erster Teil.

Allgemeines.

Der Grundbuchrichter verfährt in der Regel nur auf Antrag. Der Antrag muß schriftlich vorliegen und der Vorschrift des § 29 G.B.O. entsprechen, jedoch bedarf der Antrag der Form des § 29 nicht, wenn ihm die gerichtlich oder notariell aufgenommenen oder beglaubigten Urkunden, welche die für die Eintragung erforderlichen Erklärungen enthalten oder die Urteils- 2c. Ausfertigungen beigefügt sind.

1. **Die Anträge** werden

a) vom **Gericht selbst** aufgenommen oder beglaubigt. Man beachte die Formvorschriften der §§ 175ff. Ges. über die freiw. Ger.bkt.! Ein Protokoll, das nur die Überschrift enthält: „Cöln, den 2. Januar 1904" und am Schlusse den Namen des Richters, ist ungültig. Man schreibt: „Verhandelt vor dem Kgl. Amtsgericht zu Cöln Abteilung . . . am 2. Januar 1904. Vor dem unterzeichneten Amtsrichter erschienen" usw. und setzt Namen und Amtscharakter an den Schluß des Protokolls. Man kann auch schreiben: „Vor dem unterzeichneten Amtsrichter N. erschienen" 2c. Alle Beteiligten müssen das Protokoll mitunterschreiben. Die Rekognitionszeugen brauchen nicht mit zu unterschreiben (R 2 S. 335), aber es ist dringend anzuraten, wenigstens den Satz über die Legitimierung der erschienenen Personen von den Zeugen unterschreiben zu lassen, z. B. so: . . . erschienen der Müller F. und der Tischler Z., beide dem Richter nicht bekannt, aber von dem mitanwesenden Rechtsanwalt X. als ihm persönlich bekannt dem Richter legitimiert. Unterschrift des Rechtsanwalts X. Bei der weiteren Verhandlung braucht der Zeuge nicht anwesend zu sein.

Es ist bekannt, daß das Protokoll einschl. der Angaben über Ort und Zeit der Verhandlung vorgelesen werden muß und daß man vermerken muß, daß solches geschehen sei. Der Vermerk „Vorgelesen, genehmigt und wie folgt unterschrieben", genügt. Man vermeide Abkürzungen wie „v. g. u." oder dergl. und gewöhne sich daran, in Grundbuchsachen — Protokollen wie auch Eintragungen, Hypothekenbriefen usw. — nie mit Abkürzungen zu arbeiten; immer alles ausschreiben!

b) **Von den Parteien eingereicht.** Die Einreichung kann persönlich erfolgen; ein Protokoll ist nicht aufzunehmen. Die Einsendung mittels Briefes ist das Regelmäßige; das Begleitschreiben ist formlos. Die beiliegenden Urkunden müssen dem § 29 G.B.O. entsprechen, Urteile, gerichtliche Beschlüsse usw. müssen in Ausfertigung beigefügt sein.

c) **Vom Notar überreicht.** Man achte genau auf den Inhalt des Begleitschreibens! Nicht selten beschränken sich die Anträge des Notars nur auf einen Teil der von den Parteien gestellten Eintragungsanträge, z. B. daß von einer Hypothek und einem Altenteilsrechte nur erst das letztere eingetragen werden solle. Die in dem notariellen Akte enthaltenen Eintragungsanträge kann der Notar nicht ändern; er kann sie weder beschränken noch zurücknehmen. Es bedarf dazu der Parteierklärung (§§ 29 u. 32 G.B.O.). Man beachte stets: Sachlich abweichende Anträge kann der Notar nicht stellen. Der Notar hat auch nicht über den Rang der Eintragungen zu bestimmen. Das ist Sache der Parteien. Der Richter hat gleichzeitig eingehende Anträge mit gleichem Range einzutragen. Abweichungen sind nur auf Parteiantrag zulässig. Der Notar kann die Anträge zu verschiedenen Zeiten einreichen, um den Rang seinen Absichten entsprechend zu beeinflussen; er tut dies auf seine Verantwortung (R 7 S. 334). Wenn er beantragt hat, ihm die Urkunden, Hypothekenbriefe usw. auszuhändigen, so ist dies nur dann auszuführen, wenn in den Parteianträgen darum ersucht ist, z. B. wenn es heißt: „Der zu bildende Brief und alle Benachrichtigungen sind dem verhandelnden Notar zuzusenden," was aber nur auf die Nachrichten zu beziehen ist, die den am Akt direkt Beteiligten zuzuschicken sind, so daß z. B. die Nachrichten für die dinglich Berechtigten, für das Katasteramt, für die Zwangsversteigerungsabteilung usw. auf keinen Fall an den Notar gelangen dürfen.

d) **Von öffentlichen Behörden eingereicht.** Der Grundbuchrichter hat nur die Zuständigkeit der die Eintragung nachsuchenden Behörde zu prüfen; ob das Ersuchen in sich berechtigt ist, ist Sache der ersuchenden Behörde. Wenn z. B. der Subhastationsrichter um Eintragung des Zwangsversteigerungsvermerkes ersucht, so ist nur zu prüfen, ob das Ersuchen von dem zuständigen Richter unterschrieben und mit dem Gerichtssiegel versehen ist. Wenn es dann die Nummer des Grundbuchblattes, die Parzelle und den Eigentümer richtig bezeichnet hat, so trägt der Grundbuchrichter ein; ob der ersuchende Richter die Eintragung des Vermerkes nach Lage des Falles beantragen durfte, hat der Grundbuchrichter nicht zu untersuchen. Alle Anträge der Behörden, auf Grund deren eine Eintragung erfolgen soll, müssen unterschrieben und mit Siegel oder Stempel versehen sein.

Zu den öffentlichen Behörden gehören nicht nur alle Staatsbehörden, sondern auch die Kommunalbehörden (Provinzen, Kreise, politischen Gemeinden) und die Vorstände der Kirchengemeinden. Die Erklärungen der letztern müssen vom Vorsitzenden des Kirchenvorstandes und zwei Mitgliedern des Vorstandes unterschrieben und mit dem Kirchensiegel versehen sein.

Ferner gehören hierher die Stadt- und Kreissparkassen. Ihre urkundlichen Erklärungen müssen von den dazu nach dem staatlich genehmigten Statute berufenen Personen (Sparkassenvorstand, -Kuratorium) unterschrieben und untersiegelt sein. Häufig sind solche Urkunden noch mit einer Bescheinigung des Landrats oder Bürgermeisters versehen, daß die Unterzeichner derselben auch die zur Vertretung befugten Personen seien oder den Sparkassenvorstand bilden. Das ist überflüssig (R. 1 S. 411). Hat der Grundbuchrichter Bedenken, so kann er nur den Nachweis der Organisation der Sparkasse fordern.

e) **Von Bevollmächtigten eingereicht.** Die Vollmacht kann eine Spezial- oder eine Generalvollmacht sein, muß aber dem § 29 G.B.O. entsprechen. Sie kann im Original oder in Ausfertigung vorgelegt werden. Der Grundbuchrichter kann Erklärungen von Personen ohne Vollmacht aufnehmen oder annehmen; er muß dann aber eine angemessene Frist zur Nachlieferung der Vollmacht oder zur Genehmigung seitens des Vertretenen (§ 185 B.G.B.) setzen. Der Richter hat die Aufnahme abzulehnen, wenn die Erklärung eine solche ist, die dem Grundbuchamte gegenüber einseitig (z. B. §§ 875, 876 B.G.B.) abzugeben ist; da würde die Erklärung ohne Vollmacht ungültig sein und könnte auch durch nachträgliche Genehmigung nicht gültig werden (Turnau-Förster Bd. II S. 212).

Bei Anträgen auf Eintragungen im Zwangsvollstreckungsverfahren braucht der Prozeßbevollmächtigte nur seine unbeglaubigte Prozeßvollmacht vorzulegen. Ist der Titel von einem Amtsgerichte erlassen, so genügt zur Legitimation der Vermerk des Vertreters in dem Titel, weil bei amtsgerichtlichen Angelegenheiten die Bevollmächtigung bereits dem Prozeßrichter nachgewiesen sein muß; einer weiteren Vollmacht bedarf es dann nicht.

2. Die Anlagen der Anträge.

a) **Vollmachten** (s. o. 1 e). Man prüfe genau, ob der Bevollmächtigte auch zu der gerade in Frage stehenden Rechtshandlung befugt ist, ob die Gültigkeitsdauer der Vollmacht noch nicht abgelaufen ist, ob der Name des Vollmachtgebers mit dem im Grundbuche angegebenen sich deckt usw. — Die nur auf das betr. Grundbuchgeschäft gerichtete Vollmacht bleibt bei den Grundbuchakten, alle anderen Vollmachten werden zurückgegeben, nachdem eine beglaubigte Abschrift derselben zu den Akten genommen ist. Man achte bei ausländischen Vollmachten auf den Legalisationsvermerk!

b) **Erbscheine.** Der im Besitze des Antragstellers befindliche Erbschein ist dem Gerichte miteinzureichen; es ist aber auch die Bezugnahme auf die bei demselben Gerichte geführten Erbbescheinigungsakten als zulässig zu erachten. Von den von anderen Gerichten ausgestellten Erbscheinen ist eine beglaubigte Abschrift zu den Akten zu nehmen; bei den Erbscheinen desselben Gerichts genügt ein Hinweis des Richters auf die Akten (z. B. „Erbschein bei Abt. II Nr. 201/03"). Erbscheine sind genau zu prüfen, namentlich auch der häufig darin enthaltene Vermerk der bestehenden Nacherbschaft, des Vorhandenseins eines Testamentsvollstreckers usw.!

c) **Testamente, Erbverträge.** Nur das in öffentlicher Urkunde errichtete Testament, welches nebst dem Protokoll über die Eröffnung desselben dem Richter in Ausfertigung oder in beglaubigter Abschrift vorgelegt wird, genügt zum Nachweise der Erbfolge. Privattestamente genügen nicht; da bedarf es noch eines Erbscheines. Auch wenn das vom Grundbuchrichter genau zu prüfende Testament Zweifel erweckt, namentlich wenn die Zahl und die Namen der Erben nicht genau zu ersehen sind, wenn das Testament sich nicht auf den gesamten Nachlaß bezieht u. dgl., hat der Richter die Beibringung eines Erbscheines zu fordern. Gleiches gilt von dem immer in öffentlicher Urkunde errichteten Erbvertrage. Der Antragsteller braucht Testament und Erbvertrag nicht beizufügen, wenn sie sich im Gewahrsam des Gerichts befinden; es genügt dann die Bezugnahme auf die betr. Akten.

e) **Bescheinigungen aus den gerichtlichen Registern.** Führt das angegangene Gericht auch die Register, so genügt die Bezugnahme darauf. Der Grundbuchrichter muß dann die Register selbst einsehen oder die bez. Gerichtsabteilung um Auskunft ersuchen. Handelt es sich um Eintragungen in den Registern fremder Gerichte, so muß der Antragsteller die Bescheinigungen beifügen. In diesem Falle wird eine beglaubigte Abschrift derselben zu den Akten genommen, wenn der Antragsteller erklärt hat, daß er die Bescheinigungen zurückzuerhalten wünsche; andernfalls bleiben sie bei den Grundakten. Bei Bescheinigungen aus dem Handels- und dem Genossenschaftsregister fremder Gerichte ist es dem Grundbuchrichter anheimgestellt, ob er sich mit älteren Bescheinigungen begnügen will (R 1 S. 193); kennt er die einschlägigen Verhältnisse nicht, so ist es immerhin ratsam, einen Nachweis über die neuesten Eintragungen oder einen Nachtrag zu der vorgelegten älteren Bescheinigung zu verlangen, daß Veränderungen nicht eingetreten seien.

f) **Bestallung des Vormundes** usw. Es gilt auch hiervon das zu e eingangs Gesagte. Das Gleiche gilt

g) **von der Legitimation des Testamentsvollstreckers.** Bestallung und Legitimation sind stets zurückzugeben; beglaubigte Abschriften zu den Akten wie zu e.

h) **Das Bestehen der fortgesetzten Gütergemeinschaft** ist durch ein Zeugnis des Nachlaßgerichtes nachzuweisen. Auch hier gilt das zu e Bemerkte.

i) **Genehmigungen des Vormundschaftsgerichts und anderer Behörden** (z. B. Bezirksausschuß, Regierung, Ministerium usw.). Diese sind in Ausfertigung oder in beglaubigter Abschrift zu den Akten einzureichen. Ist dasselbe Gericht auch das Vormundschaftsgericht, so gilt das zu e eingangs Gesagte.

3. Der Eingangsvermerk.

Dieser kann sowohl vom Richter als vom Grundbuchführer auf das eingegangene Schriftstück gesetzt werden. Der Beamte muß den Zeitpunkt auf die Minute genau angeben und mit seinem vollen Namen unterzeichnen. Nur die Beamten der Abteilung, welche das Grundbuch über das betr. Grundstück führt, sind befugt zu präsentieren; wenn aber der eingegangene Antrag sich auf mehrere Grundstücke bezieht, in Ansehung derer die Führung des Grundbuches verschiedenen Abteilungen obliegt, so kann jeder Beamte dieser Grundbuchabteilungen präsentieren. Im letzteren Falle sind die übrigen beteiligten Abteilungen sofort von dem Eingange in Kenntnis zu setzen. Nimmt der Richter selbst einen Antrag auf, so versieht er ihn sofort mit dem Präsentatum. Wenn dem Grundbuchrichter gleichzeitig mehrere Anträge vorliegen, muß er die äußerste Vorsicht walten lassen! Oft liegen nur Minuten zwischen den einzelnen Eingängen!

4. Kostenvorschuß.

Dieser kann in Preußen bei Auflassungen gefordert werden (§ 58 Nr. 6 Pr. G.K.G.), wenn die Zahlungsfähigkeit des Kostenschuldners zweifelhaft oder er selbst dem Gericht nicht bekannt ist. Wenn der Notar ersucht, die Kosten von ihm einzuziehen, unterbleibt die Anordnung der Erhebung des Kostenvorschusses. Man prüft den betr. Eingang zunächst nur auf die Person des Zahlungspflichtigen und wenn man danach den Vorschuß für erforderlich hält, so verfügt man:

B.

Kostenvorschuß .... Mk. (den Betrag füllt der Gerichtsschreiber nach erfolgter Berechnung aus) .... Tage Frist. Androhung der Abweisung.

C. 2/1. 04.

N.

Nimmt der Richter die Auflassung entgegen, so verlangt er die Zahlung des Vorschusses an die Gerichtskasse vor Aufnahme des Protokolls. Der Kostenvorschuß ist vom Auslagenvorschuß (Schreibgebühren und Porto usw.) zu unterscheiden. Da letzterer nur bei einem 30 Mk. übersteigenden Betrage einzufordern ist, kommt er für Grundbuchsachen kaum jemals in Frage.

5. Grundbucheinsicht und Auskunftserteilung.

Wer das Grundbuch einsehen will, muß ein berechtigtes Interesse darlegen. Dieses kann auch bei rein persönlichen Ansprüchen gegen den Eigentümer — z. B. Einräumung eines Personalkredites an ihn — angenommen werden (R 1 S. 180), aber es muß dem Richter (nur dieser hat die Entscheidung zu treffen!) nachgewiesen werden; die bloße Behauptung des Interesses genügt nicht (Turnau-Förster II S. 68). Wenn z. B. ein Gläubiger mit einem vollstreckbaren Titel kommt, um aus dem Grundbuche zu ersehen, ob die Belastung des Grundstückes die Eintragung einer Zwangshypothek noch zweckmäßig und Erfolg versprechend erscheinen lasse, so wird man ihm unbedenklich die Einsicht des Grundbuches gestatten können. Der Eigentümer, sein Bevollmächtigter (einfache privatschriftliche Vollmacht genügt!) und die eingetragenen dinglich Berechtigten, ebenso öffentliche Behörden und die von ihnen beauftragten Beamten sind befugt, ohne Nachweis des Interesses, das Grundbuch einzusehen. Notare, die das Grundbuch im Auftrage eines zur Einsicht Berechtigten einsehen wollen, brauchen den Auftrag nicht nachzuweisen. Wer das Buch einsehen darf, kann auch eine einfache oder beglaubigte Abschrift verlangen. Was vom Grundbuche gilt, gilt auch von den Grundakten. — Man sei einerseits nicht gar zu rigoros bei der Gestattung der Einsicht, andererseits behalte man aber auch im Auge, daß das Grundbuch kein öffentliches Buch ist, wie z. B. das Güterrechtsregister und bedenke, daß oft Neugier, Geschäftsneid oder andere unlautere Motive bei dem Einsicht Begehrenden obwalten können.

Die Tätigkeit des Grundbuchrichters ist eine so verantwortliche, daß ihm nur angeraten werden kann, sich weder auf Auskunfts- noch auf Raterteilung einzulassen. Wer sich belehren will, mag das Grundbuch einsehen oder sich eine Abschrift geben lassen. Behörden gegenüber nimmt das Kammergericht die Auskunfserteilung als Pflicht des Grundbuchrichters an, verneint aber die Zulässigkeit des Beschwerdeweges im Falle der Weigerung des Richters und hält nur die Beschwerde im Aufsichtswege für statthaft. Jedenfalls ist es ratsam, einfach die Tatsachen aus den Akten mitzuteilen (Köllner, Rechtsprechung S. 2), sich aber nicht zu einer Ansichtsäußerung zu verstehen. Auf dem Lande würde der Richter seiner Aufgabe nicht völlig gerecht werden, wenn er dort immer und in allen Fällen mit dem Aussprechen seiner juristischen Bedenken zurückhalten oder seinen Beistand versagen wollte; dagegen mag er sich hüten, seine Ansicht über Werte und Rechtsgeschäfte (auch nicht auf Bitten der Partei!) auszusprechen. Auf die häufige Frage: „Steht das Geld, das ich auf Hypothek hergeben will, auch wohl sicher?" und ähnliche Anfragen gibt der Richter am besten die Antwort, daß er das nicht wisse, das müsse der Fragesteller selbst wissen, wenn er das Grundbuch eingesehen und die Vorbelastung festgestellt habe. Man vermehre sich nicht unnötig die ohnehin so große Verantwortlichkeit!

6. Die Prüfung des Antrages.

Wer selbst den Antrag aufnimmt, wird seltener in die Lage kommen, daß ihm Bedenken über die Zulässigkeit aufsteigen, als der Richter, welchem Anträge von Parteien oder Notaren eingereicht werden. Man prüfe in jedem Falle:

a) Ob die Flur- und Parzellenbezeichnung und die angegebene Grundbuchblattnummer mit dem Grundbuche übereinstimmt?
b) Ob die Namen und Vornamen stimmen?
c) Ob alle Beteiligten den Akt unterschrieben haben? Ob die Ausfertigung vom Notar eigenhändig unterschrieben ist? (Siegel!)
d) Ob die angeführten Anlagen auch wirklich da sind?
e) Ob der Eingang gehörig präsentiert ist?
f) Ob der geforderte Kostenvorschuß bezahlt ist?

Erst nachdem alles in Ordnung befunden ist, prüft man den Akt seinem ganzen Inhalt nach. Ist der Eingang kein solcher, der bei den Akten bleibt, so muß er in beglaubigter Abschrift zu den Akten gelangen. Regelmäßig senden die Notare solche Abschriften mit. Wenn es nicht geschehen ist, empfiehlt es sich, vor der Bearbeitung umfangreicher Anträge eine beglaubigte Abschrift von der Kanzlei zu den Akten anfertigen zu lassen — falls dies nicht wegen besonderer Dringlichkeit der Sache als unangebracht erscheint — und erst, wenn sie vorliegt, zu verfügen. Denn es ist ein löblicher Brauch, in der Abschrift (oder in dem bei den Akten bleibendem Schriftstücke) alles Wesentliche und ganz besonders das, was für die Eintragung in Betracht kommt, mit Blau- oder Rotstift zu unterstreichen. Das fällt in die Augen; man übersieht namentlich bei dickleibigen Anträgen so leicht nichts, und deshalb kann dieses Verfahren nur angelegentlich empfohlen werden.

Man hüte sich, einen Teil eines Antrages zu erledigen, wenn man den andern beanstanden muß. Nur keine teilweise Erledigung! Wenn z. B. in demselben Akte eine richtige Hypothekbestellung enthalten ist, aber der Hypothekenbrief zu einer ebenfalls beantragten Vorrangseinräumung für die einzutragende Hypothek fehlt, so lasse man auch die Hypothekeintragung unausgeführt, bis alles zusammen erledigt werden kann. Vielfach wird beantragt, den einen Antrag nicht ohne den andern zu erledigen — da unterbleibt die teilweise Erledigung von selbst; aber in allen andern Fällen ist es geraten, möglichst ebenso zu verfahren, als wenn obiger Antrag gestellt wäre. Ist der Antrag nicht verständlich, so muß man Aufklärung vom Antragsteller verlangen. Grundbuchsachen müssen klar sein; sie sind stricti juris, auf Interpretationen hat man sich nicht einzulassen.

7. Beanstandung der Anträge.

Muß ein Antrag ganz oder teilweise beanstandet werden, so kann der Richter entweder durch Beschluß abweisen — dies ist zu empfehlen, wenn die Sache an einem unheilbaren Fehler leidet, z. B. der Eigentümer eine Hypothek bestellt hat, obgleich der Konkursvermerk auf seinem Blatte eingetragen ist — oder eine angemessene Frist zur Beseitigung des Mangels setzen. Ist die Frist abgelaufen, ohne daß der Mangel gehoben ist, so muß ebenfalls Abweisung erfolgen. Nach Ablauf der Frist darf keine Nachfrist gewährt werden. Überzeugt sich aber der Richter, daß die von ihm gesetzte Frist zu kurz ist, so kann er seine Anordnung entsprechend berichtigen (Turnau II S. 111), wenn er annehmen darf, daß das Hindernis in absehbarer Zeit gehoben werden kann (R 2 S. 513). Geht inzwischen ein neuer Antrag ein, so muß nach § 18 Abs. 2 G.B.O. verfahren werden. Hat der Antragsteller bestimmt, daß die dasselbe Recht betreffenden Eintragungen nur zusammen erledigt werden sollen (§ 16 Abs. 2 G.B.O.), so findet § 18 Abs. 2 keine Anwendung, wenn der einen Eintragung ein Hindernis entgegensteht, zu dessen Beseitigung eine Frist gesetzt ist, weil § 18 Abs. 2 voraussetzt, daß die eine Eintragung ohne die andere erfolgen kann (Turnau II S. 113).

8. Die Eintragungsformel.

Ist alles in Ordnung, so hat der Richter die Eintragung wörtlich vorzuschreiben und durch entsprechende Verfügung die Eintragung in das Grundbuch anzuordnen. An die von den Beteiligten beantragte Formulierung der Eintragungsformel ist der Richter durchaus nicht gebunden. Am einfachsten ist es, wenn man die Eintragungsformel selbst in die Tabelle schreibt und auf den Antrag resp. das Begleitschreiben die Verfügung setzt. **Im Nachfolgenden wird überall davon ausgegangen, daß der Grundbuchrichter in dieser Weise verfährt.** Man beachte, daß jede Eintragung die nächste fortlaufende Nummer erhält, also z. B. 5, wenn 4 vorhergeht, mag auch 4 längst gelöscht sein, und setze nie die Feder an, ehe man auch die Abteilung II eingesehen hat!

Man beachte ferner, daß das gesetzliche Formular nur Beispiele und Muster enthält und daß man keineswegs verpflichtet ist, sich an den Wortlaut zu halten. Es ist z. B. in den Eintragungen Abt. III Nr. 4 und 6 der Anfangstag der Verzinsung angegeben, was nach § 1115 B.G.B. durchaus nicht nötig ist; der Vermerk der Bezugnahme auf die Eintragungsbewilligung genügt da vollkommen. Andererseits ist die Formulierung in der Sicherungshypothek Nr. 5 nach der Ansicht der meisten Kommentatoren zu knapp gefaßt und die Hinzufügung der Bezugnahme usw. erforderlich; so auch das K.G. (Entsch. v. 30. 12. 01) bezüglich der Höchstbetragshypotheken, „wenn die Bewilligung ein bestimmtes Rechtsverhältnis oder eine bestimmte Geschäftsverbindung der Beteiligten bezeichnet, denen die zu sichernde Forderung angehören soll, ist diese Bezeichnung der Forderung mindestens durch Bezugnahme auf die Bewilligung in das Grundbuch aufzunehmen". Der Richter kann es mit dem Formularwortlaut nach Belieben halten; gebraucht er die Worte des gesetzlichen Formulars, so ist er jedenfalls gegen Regreßansprüche gedeckt. Immer aber muß man sich der Worte „unter Bezugnahme auf die (Eintragungs)Bewilligung" bedienen; ein Vermerk, daß auf die Urkunde vom . . . Bezug genommen wird, reicht nicht aus (K.G. 31. 12. 00). Soll ein und dasselbe auf mehreren Blättern eingetragen werden, so braucht man es nur einmal zu schreiben; man verfügt dann etwa so:

1. Einzutr. a. d. Tab. III[1] Bl. 400 i. Grdb.
2. Ins. dasselbe Bl. 405 III[2], 407 III[7] u. 509 III[4] i. Grdb.

Der Richter ist kein Schreiber und braucht sich mit unnötiger Schreiberei nicht zu befassen!

NB. Wenn, wie so oft, schwierige Rechtsfragen auftauchen, handelt der Richter vorsichtig, wenn er neben der Verfügung kurz notiert, weshalb er so und nicht anders entschieden habe, z. B. in ff. Form: „NB. Der Antrag ist für zulässig erachtet in Übereinstimmung mit X.Kommentar zur G.B.O. Seite" (oder „mit der Entsch. des . . . Gerichts Bd. S."). Dann hat er fundatam juris intentionem und braucht Regreßansprüche nicht befürchten; nur darf er nicht gegen den klaren Wortlaut der Gesetze verstoßen oder sonstige offenbar grobe Versehen sich zu Schulden kommen lassen. Wenn er z. B. eine Hypothek auf dem verkehrten Blatte einträgt, schützen ihn alle Kommentare nicht.

9. Die Eintragung im Grundbuche.

Diese hat der Gerichtsschreiber in Gemäßheit der richterlichen Verfügung vorzunehmen. Das Eingetragene ist vom Richter und vom Gerichtsschreiber zu unterschreiben. Die Eintragung muß datiert sein. Der Tag der Eintragung, nicht der der Verfügung oder der Unterzeichnung ist hineinzusetzen. Das Datum ist besonders wichtig für das Rangverhältnis der in verschiedenen Abteilungen eingetragenen Rechte. Um sich vor Gefahr zu schützen, die namentlich dann vorhanden ist, wenn die Eintragungen nicht am Tage der Verfügung erfolgen können und wenn inzwischen auf neue eilige Anträge verfügt werden muß — z. B.: Am 1. April mittags ist eine Hypothekeintragung verfügt; einige Stunden später läuft der Antrag ein, den Konkursvermerk einzutragen, der am 2. April erledigt wird; die Eintragung wird am 3. April, aber mit gleichem Datum vorgenommen! — kehren sich viele Richter an die lediglich instruktionelle Vorschrift des § 45 G.B.O. nicht und setzen selbst den Tag der Verfügung in die Eintragungsformel. Dann ist ein Versehen ausgeschlossen; in obigem Beispiele wäre dann die Hypothek vom 1., der Konkursvermerk vom 2. April datiert. Dieses Verfahren kann als ganz unbedenklich angesehen werden, wenn die Eintragung noch am Tage der Verfügung erfolgt. Den Vorzug der Sicherheit hat es zweifellos.

Beim Kollationieren sei der Richter ganz besonders vorsichtig, auch bei der gleichzeitig vorzunehmenden Prüfung und Unterzeichnung des Hypothekenbriefentwurfes! Hypothekenbriefe liest man am besten allein an der Hand der Tabelle. So entdeckt man etwaige Versehen eher als beim lauten Vorlesen zu Zweien. Ebenso muß man genau prüfen, ehe man eine beglaubigte Abschrift unterschreibt. In einem mir bekannten Falle war in der Abschrift die Eintragung des Cessionars unterblieben. Im Zwangsversteigerungsverfahren erhielt er keine Nachricht und hatte auch sonst von dem Verfahren nichts gehört. Er konnte deshalb seine Rechte nicht wahrnehmen und erhob Regreßansprüche. Auf einem Blatte waren 18 Hypotheken gelöscht, über die neue 19. wurde ein Brief ausgestellt mit der Angabe, daß keine Post vorgehe. Es war aber übersehen, daß die Post Nr. 2 nicht gelöscht war und daß tatsächlich nur Nr. 1, 3—18 nicht mehr bestanden. Der Gläubiger erlitt Schaden und klagte. **Diese Beispiele mahnen zur Vorsicht!**

10. Die Behandlung unrichtiger oder unzulässiger Eintragungen (§ 54 G.B.O.).

Wenn eine **unrichtige** Eintragung erfolgt, also das Grundbuch unrichtig geworden ist, so ist ein Widerspruch von Amts wegen einzutragen. Die Eintragung erfolgt in Abt. II u. III in der Spalte Veränderungen neben dem eingetragenen Rechte, wenn der Widerspruch aber gegen eine Eintragung in Abt. I gerichtet ist, in der Hauptspalte der Abt. II (§ 14 V. v. 20. 11. 99). Mit Ausnahme des in § 42 Abs. 1 Satz 2 vorgesehenen Falles, bedarf es bei Eintragung des Widerspruches der Vorlegung des Hypotheken- usw. Briefes, zu dessen Einreichung der Richter unter Androhung von Geldstrafen auffordert (§ 62 G.B.O.). Der Widerspruch ist auf dem Briefe zu vermerken.

Der Widerspruch richtet sich gegen eine Unrichtigkeit des Grundbuches, z. B. es sind statt 1000 Mk. nur 100 Mk. eingetragen oder der Eigentumsübergang ist auf einem verkehrten Blatte eingetragen. Ist die Eintragung noch nicht ausgeführt, so verfügt man kurzweg die Nichteintragung und verfügt zugleich in richtiger Weise auf den eingegangenen Antrag. Ist aber schon eingetragen, so trage man schleunigst einen Widerspruch ein, bei dem aber der Name desjenigen, für den eingetragen wird und der zu sichernde Berichtigungsanspruch zu vermerken ist. Die Bezugnahme auf eine Urkunde ist unzulässig (R 4 S. 322). Ein Widerspruch kann nicht gegen einen Widerspruch oder eine Vormerkung eingetragen werden (R 2 S. 243, a. M. Fuchs S. 186). Das gesetzliche Formular enthält leider kein Beispiel einer Widerspruchseintragung von Amts wegen. Folgender Vermerk z. B. dürfte ausreichen bei der Buchung des Eigentümers auf dem unrichtigen Blatte: „Widerspruch gegen die Eintragung des N. zur Erhaltung der Rechte des bisher eingetragenen Eigentümers Z. Von Amts wegen eingetragen für Z. am . . .“ Gleichzeitig verfügt man die Eintragung des N. auf dem richtigen Blatte, neue Benachrichtigungen und zwar wegen gerichtsseitiger unrichtiger Behandlung der Sache gebührenfrei.

Ist eine Eintragung **inhaltlich** unzulässig, z. B. eine Zwangshypothek über 250 Mk., die Eintragung der Miete, des Ankaufsrechtes, so ist von Amts wegen zu löschen und zwar in Spalte Löschungen „als unzulässiger Eintrag von Amts wegen gelöscht am . . “. Mit dem Hypothekenbriefe ist wie oben zu verfahren; neue Benachrichtigungen und Abweisung des Antrages hat man gleichzeitig zu verfügen. Ist noch nicht eingetragen, so verfügt man Nichteintragung und durch Beschluß Abweisung des Antrages.

In beiden Fällen ist das „von Amts wegen“ nicht dahin zu verstehen, daß man nur so und nicht auch auf Parteianregung verfahren dürfe. Letzteres ist durchaus zulässig (Turnau-Förster Bd. 2 S. 296 ff.), die Anregung kann dem Richter nur willkommen sein. Von den Widersprüchen, die auf Grund prozeßrichterlicher Anordnung einzutragen sind, ist an anderer Stelle die Rede.

Zweiter Teil.

Die Eintragungen.

Die Eintragungen im Bestandsverzeichnisse des *neuen* Formulars sind dort so verständlich, daß wir hier nicht weiter darauf einzugehen brauchen. Wer das *alte* Formular I gebrauchen muß, hüte sich, bei Parzellierungen vor Unternummern, also z. B. von Parzelle lfde. Nr. 2 eine neue fortlaufende Nr. 2a zu bilden; er kommt damit in Verlegenheit, wenn er 2a zu parzellieren hat. Vielmehr ist stets eine *neue* fortlaufende Nummer zu geben, unter der man die Herkunft vermerkt, z. B. lfde. Nr. $\underset{(2)}{4}$ und $\underset{(2)}{5}$, um anzudeuten, daß diese beiden Nummern 4 und 5 aus 2 entstanden sind. Muß man nach einem alten Blatt Formular II übertragen, so behält man die Bezeichnung „Nach Bd. ... *Artikel* ... übertragen“ bei; überträgt man aber nach einem alten Blatte Formular I oder auf ein Blatt des neuen Formulars, so muß es immer „Nach Bd. ... *Blatt* ...“ heißen. Sind sämtliche Parzellen abgeschrieben, so ist das *Blatt zu schließen*. Dies geschieht durch einen Schließungsvermerk, der in der Aufschrift, am Schlusse der Eintragungen in beiden Abschnitten des Bestandsverzeichnisses und in den drei Abteilungen eingetragen wird. In dem auf die *Aufschrift* zu setzenden Vermerk ist der *Grund* der Schließung anzugeben. Beispiel: „Wegen Abschreibung (oder „Ausscheidung“ s. u.) des ganzen Bestandes gegen weitere Eintragung geschlossen am ...“. An den übrigen Stellen genügt der Vermerk: „Geschlossen am ...“. Die Schließungsvermerke sind vom Richter und Gerichtsschreiber zu unterschreiben.

I. Eintragungen in Abteilung I.

Vorbemerkungen.

1. Jeder, der *Subjekt* eines Rechtes sein kann, kann auch als Eigentümer in das Grundbuch eingetragen werden. Der **Einzelkaufmann** kann nur unter seinem Namen, nicht mit seiner *Firma* als Eigentümer eingetragen werden (R 6 S. 504).

2. Werden **mehrere Personen** eingetragen, so muß das Rechtsverhältnis (Gütergemeinschaft, Erbgemeinschaft usw.) oder das Beteiligungsverhältnis (jeder zu einem Drittel beteiligt usw.) angegeben werden (§ 48 G.B.O.).

3. **Ehegatten**, welche vor 1900 ohne Errichtung eines Ehevertrages geheiratet haben und deshalb einen urkundlichen Nachweis über ihr Güterrecht nicht erbringen können, werden ihrer Angabe entsprechend eingetragen. Leben sie in einem Güterstande, der auch vor 1900 nur durch Ehevertrag begründet werden konnte, so müssen sie letzteren vorlegen. Bei Ehen, die nach 1900 geschlossen sind, ist bei allen von der gesetzlichen Verwaltungsgemeinschaft abweichenden Güterständen der Nachweis des Eherechtes durch einen Auszug aus dem Güterrechtsregister zu erbringen und, falls die Eintragung dort unterblieben ist, der Ehevertrag vorzulegen (s. aber S. 12e). Bei der Eintragung von Ehegatten, die vor 1900 geheiratet haben, ist der übergeleitete Güterstand des B.G.B. (Pr.A.G. Art. 43ff.) anzugeben, z. B. „A. und seine Ehefrau Marie geb. B. zu Bonn in übergeleiteter Fahrnisgemeinschaft". Soll eine Ehefrau als in Gütertrennung lebend eingetragen werden, so ist der Nachweis wie oben angegeben, zu erbringen.

4. Wenn **Aktiengesellschaften, offene Handelsgesellschaften, Genossenschaften** usw. auflassen oder durch Auflassung erwerben, so ist die Befugnis der Vertreter, welche mitwirken, durch Registerauszug nachzuweisen (s. o. S. 12e).

5. **Juristische Personen,** die in Preußen ihren Sitz haben, müssen bei der Auflassung die staatliche Genehmigung vorlegen, falls der Wert des Grundstückes 5000 Mark übersteigt. Dies gilt nicht für die zu Nr. 4 genannten Gesellschaften usw., nicht für juristische Personen des öffentlichen Rechts, nicht für Familienstiftungen (s. Art. 7 § 1 A.G. z. B.G.B.). Städte bedürfen zu Verkäufen — nicht zu Käufen — der Genehmigung des Bezirksausschusses, Landgemeinden der Genehmigung des Kreisausschusses. — Ausländische juristische Personen bedürfen zum Erwerbe von Grundstücken stets staatlicher Genehmigung ohne Rücksicht auf den Wert. Solche, die in einem anderen Bundesstaate ihren Sitz haben, nur wenn der Wert 5000 Mk. übersteigt (Art. 7 § 2 a. a. O.).

6. Für **Minderjährige,** die unter Vormundschaft stehen, ist nach § 1821 Nr. 1 und 4 B.G.B. die Genehmigung des Vormundschaftsgerichtes beizubringen. (Dies gilt auch für großjährige bevormundete Personen!) Steht der Minderjährige unter elterlicher Gewalt, so ist die gerichtliche Genehmigung nur zur Veräußerung eines Grundstückes erforderlich (§ 1643 B.G.B.).

7. Leben **Ehegatten in Gütertrennung** oder gehört das Grundstück zum **Vorbehaltsgute,** so ist die Frau allein zur Verfügung befugt, in

allen anderen Fällen bedarf sie der Zustimmung des Mannes. Nach § 1445 B.G.B. ist die Zustimmung der Frau erforderlich, wenn allgemeine Gütergemeinschaft oder Errungenschaftsgemeinschaft besteht. Für das ehemalige rheinpreußische Gebiet des C. c. ist § 4 Art. 56 A.G. z. B.G.B. zu beachten! Danach kann der Mann stets allein handeln, wenn er es vor 1900 durfte.

8. Die **Vertretung** beider Teile durch **denselben Bevollmächtigten** ist zulässig, § 181 B.G.B.

9. Von der Regel, daß eine Eintragung nur erfolgen soll, wenn derjenige, dessen Recht durch sie betroffen wird, als der Berechtigte eingetragen ist (§ 40 G.B.O.) gibt es eine wichtige Ausnahme. Der **Erbe des eingetragenen Berechtigten** kann auflassen (Hypotheken löschen lassen und cedieren, nicht minder auch Rechte aus Abt. II), ohne im Grundbuche eingetragen zu sein. (Will er das Grundstück belasten oder Änderungen eingetragener Rechte eintragen lassen, so ist seine zuvorige oder gleichzeitige Eintragung als Eigentümer erforderlich.) Diese Ausnahme (§ 41 G.B,O.) gilt auch für den **Erbeserben**. Das Kammergericht hat seine entgegengesetzte Ansicht aufgegeben. Es ist auch sonst zulässig, daß jemand aufläßt, ohne eingetragen zu sein. So hatte A an B aufgelassen und in demselben Akte B in Gegenwart des A an C. C wurde eingetragen ohne zuvorige Eintragung des B, weil der eingetragene A, der Berechtigte, in die weitere Auflassung an C gewilligt hatte (R.G. Bd. 54 S. 368). Man beachte, daß im § 873 Abs. 1 B.G.B. nicht die Einigung des eingetragenen Berechtigten und des anderen Teiles, sondern nur des Berechtigten und des anderen Teiles, ohne Rücksicht darauf, ob er eingetragen ist oder nicht, gefordert wird, und daß § 40 G.B.O. nur eine Ordnungsvorschrift enthält, deren Verletzung keine materiellrechtlichen Nachteile zur Folge hat. Auch auf § 185 B.G.B. sei nachdrücklichst hingewiesen. Der Grundbuchrichter aber, welcher selbst die Auflassung entgegennimmt, handelt vorsichtig, wenn er (abgesehen vom § 41) tunlichst klare Verhältnisse zu schaffen sucht.

10. Die **Auflassung** besteht in der bei gleichzeitiger Anwesenheit beider Teile vor dem Grundbuchamte abzugebenden Erklärung des Veräußerers, daß die Eintragung des Erwerbers bewilligt werde und des Erwerbers, daß er seine Eintragung beantrage. Die Auflassung, welche weder bedingt noch betagt sein darf, ist die nach § 873 B.G.B. erforderliche Einigung. Ist der eine Teil zur Auflassung **verurteilt**, so muß der andere unter Vorlegung des rechtskräftigen Urteils seine Eintragung vor dem Grundbuchamte beantragen; aus einem vorläufig vollstreckbaren Urteile wird nur eine Vormerkung zur Erhaltung des Rechtes auf Auflassung eingetragen.

11. Die Auflassung eines ziffernmäßig angegebenen **Anteils** am Grundstücke ist gestattet. Der z. B. zu einem Viertel als beteiligt ein

getragene Miteigentümer kann diesen Anteil auflassen. Sind aber mehrere Eigentümer zu ungeteilter (Erb- usw.) Gemeinschaft eingetragen, so ist eine Auflassung ausgeschlossen. Ein Miterbe kann seine Beteiligung am Grundstück veräußern und den Erwerber durch Auflassung an seine Stelle setzen, **wenn** er auf ihn seinen Anteil **am Nachlasse** überträgt; über den Anteil an einem einzelnen Nachlaßgegenstande kann er nicht verfügen (§ 2032 B.G.B.).

12. Wird ein **Teil eines Grundstückes** veräußert, so muß der Teil vom Katasteramt vermessen, mit neuer Parzellenbezeichnung versehen und auf einer Karte und dem zu erteilenden Auszuge aus der Grundsteuermutterrolle dargestellt werden. Die Auflassung hat dann zur Folge, daß die neue Parzelle auf ein anderes Blatt übertragen wird (Näheres s. u.).

Eintragungsformeln und Verfügungen.

a) **Auflassung an einen Einzelnen.**

Dann ist in Abt. I Sp. 1 unter lfde. Nr. ... (Sp. 2) einzutragen:

Apotheker Fritz Müller zu Cöln.

In Spalte 3: „Aufgelassen am 5. und eingetragen am 6. Januar 1904."

Unterschriften.[1])

b) **Auflassung an mehrere Personen.**

Apotheker Fritz Müller und seine Ehefrau Agnes geb. Meier, beide zu Cöln, in übergeleiteter Fahrnisgemeinschaft,

oder

jeder zur Hälfte beteiligt.

Aufgelassen usw. wie oben.

Verf.

1. Einzutr. a. d. Tab. (oder „ex tab.") I Nr. ... i. Grdb. Bl. ...
2. Begl. Abschrift a. a. oder die Abschr. a. a.
3. Nachr. bisher. Eigent.
4. „ Erwerber; Kosten.
5. „ dingl. Berecht.
6. „ Katasteramt.
7. Im Falle 2: Akt an Notar, Quittung.

oder

7. Akt an Notar, Quittung. Kosten.

---

[1]) Der Raumersparnis halber ist nur an einigen Stellen angegeben, wo die Grundbuchbeamten zu unterschreiben haben. Man muß überall unterschreiben, mit Ausnahme der Eintragungen im Bestandsverzeichnisse Sp. 1—10.

oder

7. Kosten vom Erwerber und Verkäufer je zu $^1/_2$ usw., je nach Antrag.

C. 4./1. 04.[1])

N.

Nr. 2 trifft nur im Gebiete des Rheinischen Rechts zu, wo die Notare die Auflassung aufnehmen können; für die andern Gebiete fällt Nr. 2 fort, weil das Originalprotokoll bei den Grundakten bleibt und darauf verfügt wird.

c) Auflassung eines Anteils an Fremde und an Miteigentümer.

Eingetragen sind unter Nr. 2 drei Personen in folgender Weise:

2. a) Fritz Müller,
b) Karl Schmidt,
c) Heinrich Pütz, alle in Cöln, jeder zu $^1/_3$.

1. Heinrich Pütz überträgt seinen Anteil an Karl Meyer aus Berlin. Dann schreibt man in Spalte 1, nachdem c) Heinrich Pütz rot unterstrichen ist:

c) Karl Meyer, Kaufmann in Berlin

und in Sp. 3: Der Anteil des zu c) eingetragenen Heinrich Pütz ist am 4. Januar 1904 dem Karl Meyer aufgelassen. Eingetragen am 5. Januar 1904.

2. Wenn Schmidt und Pütz ihre Anteile auf Müller übertragen, werden die Namen der ersteren und das Beteiligungsverhältnis rot unterstrichen. Eintrag in Sp. 3:

Müller ist als Alleineigentümer eingetragen am 5. Januar 1904 auf Grund der Auflassung vom 4. Januar 1904.

3. Pütz überträgt seinen Anteil auf Karl Schmidt. Dann wird die Eintragung „c) Heinrich Pütz, jeder zu $^1/_3$" rot unterstrichen und darunter geschrieben: „Schmidt zu $^2/_3$, Müller zu $^1/_3$ beteiligt."

In Sp. 3: Zu dem Anteil des Pütz an Schmidt aufgelassen am 4. und eingetragen am 5. Januar 1904.

Zu 1—3: Verfügung wie oben zu a.

d) Auflassung an Aktien-, Handels- usw. Gesellschaften, Genossenschaften usw.

Sp. 1: „Die Aktiengesellschaft unter der Firma Xburger Aktienbrauerei zu Xburg" oder

---

[1]) Man kann auch Cöln 4. I. 04 schreiben. Im Folgenden wird dieser
K. A.G. Vermerk nicht wiederholt.
N.

Sp. 1: „Die Volksbank zu N. eingetragene Genossenschaft mit beschränkter Haftpflicht" usw.

Sp. 3: wie oben.

Verf. wie zu a.

e) **Auflassung an die juristischen Personen des § 90 G.B.O.**[1]) (Stadtgemeinden, Fiskus usw.)

Wenn der Veräußerer ein Grundbuchblatt hat und der Erwerber auf letzterem als neuer Eigentümer eingetragen werden soll, bietet der Fall nichts von dem oben Bemerkten Abweichendes. Anders aber, wenn beantragt wird, das Grundstück aus dem Grundbuche auszuscheiden. Dies ist nur zulässig, wenn das Grundstück hypotheken- und lastenfrei ist oder gleichzeitig wird. Dann ist beim alten Formular I in Spalte Abschreibungen des Titelblattes, bei Formular II in Spalte Abschreibungen der Abt. I, im neuen Formular im Bestandsverzeichnis Sp. 14 folgendes einzutragen:

„Parzelle 16 Flur 4 ist dem Landkreise X. zu Straßenbauzwecken aufgelassen am 11. und hier ausgeschieden am 12. Januar 1904."

Unterschriften.

Verf.

1. Einzutr. ex tab. Titelbl. (oder Abt. I oder Bestandsverzeichnis, s. o.) Sp. Abschr. i. Grdb. Bl. ...
2. Nachr. Erwerber.
3. „ Veräußerer.
4. „ Katasteramt.

evtl. 5. Die Abschrift a. a.

6. Auslagen vom Erwerber einfordern, Gebühren außer Ansatz.

f) **Eigentumserwerb auf Grund eines Urteils.**

Wenn der eine Teil zur Auflassungserklärung verurteilt ist, muß der andere Teil vor dem Grundbuchamte unter Überreichung der Ausfertigung des Urteils seine Eintragung beantragen. Ein bloß beglaubigter Antrag genügt nicht! Ist das Urteil nur vorläufig vollstreckbar, so wird nur eine Vormerkung zur Erhaltung des Rechtes auf Auflassung in Abt. II eingetragen. Beispiel:

2. Apotheker Fritz Müller zu Cöln.

In Sp. 3: Auf Grund des rechtskräftigen Urteils des Landgerichts Bonn vom 2. Januar 1904 und des Antrages vom 3. eingetragen am 4. März 1904.

Unterschriften.

---

[1]) S. a. Pr. Verord. v. 13. 11. 99 Art. 1 u. Allg. Verf. v. 20. 11. 99 § 8 Abs. 5 Nr. 2.

Verf.

1. Einzutr. ex tab. I² i. Grdb. Bl. ...
2. Nachr. früh. Eigent.
3. „ Erwerber. Kosten.
4. „ dingl. Berecht.
5. „ Katasteramt.
6. Begl. Abschr. des Urteils a. a.
7. Das Urteil an Müller. Quittung.

g) **Eigentumserwerb durch Zuschlagsbeschluß.**

Es genügt das Ersuchen des mit dem Zwangsversteigerungsverfahren betrauten Richters, welches den Vorschriften des § 48 G.B.O. und § 130 Zw.G. genügen muß. (Häufig gehen schon vor dem Ersuchen Anträge zu den Akten ein, namentlich Hypothekeintragungsgesuche, deren Wiedervorlage man bis zum Eingang des bez. Ersuchens verfügt. Nach § 130 Zw.G. sind zunächst die im Ersuchen angegebenen Eintragungen zu vollziehen; die andern haben stets den Rang nach diesen! Praesentatum beachten, falls mehrere Anträge eingegangen sind!)

Beispiel:

2. Heinrich Mayer, Kaufmann in Hannover.

Sp. 3: Eingetragen am 4. März 1904 auf Grund des Zuschlagsbeschlusses[1]) des Amtsgerichts Cöln Abt. II 1 vom 10. Februar 1904.

V.[2])

1. Einzutr. ex tab. I²: Grdb. Bl. ...
2. Nachr. der Zwangsverst.-Abt.
3. „ den (noch vorhand.) dingl. Berecht.
4. „ Vorbesitzer.
5. „ Ersteher. Kosten.
6. „ Katasteramt.

[NB. Da regelmäßig das Ersuchen sich auch auf Löschungen in Abt. II und III erstreckt, kann man alles in einer Verf. zusammenfassen und fügt dann unter 2. hinzu:

2. Zu löschen ex tab. II 1 und 2 und III 4—11 i. Grdb.,

im übrigen wie oben.]

h) **Erwerb durch Enteignung.**

S. a. S. 43. Der Bezirksausschuß spricht die Enteignung durch Beschluß aus und ersucht das Grundbuchamt, den Eigentumsübergang im Grundbuche zu vermerken. Dies darf erst geschehen, wenn die Zustellung des

[1]) § 10 Nr. 3 Verf. v. 20. 11. 99.

[2]) Auf das Ersuchen zu setzen.

Beschlusses nachgewiesen oder wenigstens in dem Ersuchen mitgeteilt ist. Nun ist zu prüfen, welche Anträge von seiten des Berechtigten vorliegen. Oft wird er beantragen, das Grundstück aus dem Grundbuche auszuscheiden (s. S. 25 e), oder es auf das Blatt zu übertragen, wo sein sonstiger Grundbesitz eingetragen ist. Man beachte, daß das Ent.Ges. keinen Anhalt dafür gibt, wie die Eintragung erfolgen soll. Es ist deshalb zweckmäßig, wenn der Erwerber keinen Antrag gestellt hat, ihn mit kurzer Frist zur Stellung eines solchen anzuregen; ein Zwang ist nicht zulässig. Wird kein Antrag gestellt, so kann man auch einen Widerspruch in Abt. II eintragen (Turnau-Förster II S. 551). Auf die Belastungen in Abt. II und III ist Rücksicht zu nehmen.

Eintragungsformel:

a) Bei Übertragung auf ein anderes Blatt.

Im Bestandsverz. des Blattes des Erwerbers (Blatt 1) wie lfde. Nr. 4 des ges. Formulars Spalte 1—12.

In Abt. I Sp. 2 und 3:

4. Auf Grund des Enteignungsbeschlusses des Bezirksausschusses zu Cöln vom ... eingetragen am ...

Im Bestandsverz. des bisherigen Eigentümers Sp. 14 Blatt 2 Nr. ... Nach Band I Blatt 1 des Grundbuches von Cöln übertragen am ...

V.

1. Einzutr. Bl. 2 Bestandsverz. Sp. 14.
2. „ Bl. 1 „ Sp. 1—12 und Abt. I Nr. 4.
3. Nachr. Eigent.
4. „ Erwerber.
5. „ Bezirksaussch.
6. „ Katasteramt.
7. „ dingl. Berecht. des Bl. 2.
8. Anl. a a.

b) Bei Ausscheidung:

(s. S. 25, e.) „Auf Grund des Enteignungsbeschlusses des Bezirksausschusses zu Cöln vom ... auf die Stadtgemeinde Cöln übergegangen und hier ausgeschieden am ...

V.

1. Einzutr. ex tab. Bestandsverz. Sp. 14 Blatt 2 i. Grdb., im übrigen wie oben 3—8.

i) **Erwerb durch Erbgang.**

Nachweis des Erbrechts erforderlich! (§ 36 G.B.O.) In der Regel ist ein Erbschein vorzulegen. Beruht die Erbfolge auf einer letztwilligen Verfügung, die in einer öffentlichen Urkunde enthalten ist (was beim Erbvertrag immer der Fall ist), so muß die Verfügung und das Protokoll über die Eröffnung der Verfügung in Ausfertigung vorgelegt werden, falls nicht das Gericht im Besitze der Originale ist; dann genügt die Bezugnahme darauf. Ein Erbschein ist dann nur zu fordern, wenn das Testament usw. nicht genügend sichere Auskunft erteilt, z. B. „meine vier Kinder" ohne Namensbezeichnung eingesetzt sind. Der Grundbuchrichter hat das Testament usw. nach Form und Inhalt zu prüfen und bei Bedenken die Eintragung abzulehnen. Liegt nur ein Privattestament vor, so ist immer ein Erbschein beizubringen. Der Richter darf nicht, lediglich um sich zu decken, neben dem Testamente einen Erbschein fordern, es müssen vielmehr triftige Gründe für die Forderung vorliegen. Das Testament vor dem Gemeindevorsteher § 2249 B.G.B. ist eine öffentliche Urkunde im Sinne des § 36 G.B.O.

Vermächtnisnehmer erwerben ein Grundstück resp. den Anteil daran nicht durch letztwillige Verfügung, sondern nur auf Grund der Auflassung von seiten des beschwerten Erben. Auch für den **Erbschaftskäufer** ist Auflassung erforderlich. — Der übergangene **Pflichtteilsberechtigte** bleibt, da er nur einen Geldanspruch hat (§ 2303 B.G.B.), außer Betracht. Soll **die fortgesetzte Gütergemeinschaft** eingetragen werden, so genügt (ist aber auch erforderlich) das Zeugnis des Nachlaßgerichtes über die Fortsetzung derselben (§ 1507 B.G.B.). Ist ein **Testamentsvollstrecker** ernannt, so genügt die Vorlage des Testamentes nebst Eröffnungsprotokoll, wenn das Testament ein in öffentlicher Urkunde errichtetes ist und der urkundliche Nachweis der Annahme des Amts seitens des Testamentsvollstreckers. Andernfalls — und namentlich auch, wenn der Grundbuchrichter Bedenken hat (s. o.) — ist ein Zeugnis des Nachlaßgerichts beizubringen (§§ 2364, 2368 B.G.B., R 5 S. 431) Der Antrag auf Eintragung des Erben oder der fortgesetzten Gütergemeinschaft ist an die Vorschrift des § 29 G.B.O. nicht gebunden, wenn Erbschein oder (und) Testament oder die gen. Bescheinigung des Nachlaßgerichts beiliegen (§ 30 G.B.O.).

Der Erbe kann über die Gegenstände nicht verfügen, welche der Verwaltung des Testamentsvollstreckers unterliegen (§ 2211 B.G.B.). Der Erbe kann seine Eintragung im Grundbuche nicht beantragen; dies ist vielmehr Sache des Testamentsvollstreckers. Der Erbe ist somit durch das Vorhandensein des Testamentsvollstreckers in seiner Verfügungsfähigkeit beschränkt, und deshalb ist ersteres in Abt. II nach § 53 G.B.O. einzutragen. Voraussetzung ist hier, daß der oder die Erben als solche eingetragen werden. Da genügt der einseitige Antrag des Testamentsvollstreckers. Soll aber das Grundstück auf einen oder einige Miterben umgeschrieben werden, so müssen diese mitwirken, d. h. es ist Auflassung erforderlich (R 2 S. 42). Wie weit die Befugnisse des Testamentsvollstreckers reichen, ist aus dem Testamente oder aus der Bescheinigung des Nachlaßgerichts zu entnehmen, welche die Grenzen der Befugnisse bezeichnen muß.

1. Es ist **ein** Erbe vorhanden:

Eintragungsformel:

Sp. 1. Heinrich Schmidt, Klempner zu Bonn.

Sp. 3. Eingetragen am 18. März 1904 auf Grund des Erbscheines des Amtsgerichts Cöln vom 3. November 1903

oder

Eingetragen auf Grund des Testaments vom ... am ...

oder

Eingetragen auf Grund des Testaments vom ... und des Erbscheines des A.G. Cöln usw. ... am ...

oder

Eingetragen auf Grund des notariellen Erbvertrages vom ... am ...

2. Es sind **mehrere** Erben vorhanden.

Eintragsformel:

Sp. 1. a) Heinrich Schmidt,
b) Gustav Schmidt,
c) Otto Schmidt,
alle drei Kaufleute in Cöln in ungeteilter Erbgemeinschaft.

Sp. 3. Eingetragen usw. wie zu 1.

3. Die Eheleute sind eingetragen, der Überlebende soll mit den Kindern eingetragen werden.

Beispiel:

1. Kaufmann Karl Schmidt und seine Ehefrau Marie geb. Müller zu Cöln, in Gütertrennung. Dann werden die Worte „und seine Ehefrau M. geb. M., in Gütertrennung" rot unterstrichen und es wird folgendes nachgetragen:

„und seine Söhne
a) Heinrich Schmidt
usw. wie oben
in ungeteilter Erbgemeinschaft,"

oder

„letztere drei je zu einem Achtel, Karl Schmidt zu fünf Achteln beteiligt.

Eingetragen usw." wie oben.

4. Die fortgesetzte Gütergemeinschaft ist einzutragen.

Dann trägt man ein:

Sp. 1 unter Nr. 2: Witwe des Kaufmanns Karl Schmidt, Marie geb. Müller zu Cöln in fortgesetzter Gütergemeinschaft mit ihren Kindern:
a) Heinrich Schmidt,
b) usw. ...

Sp. 3. Eingetragen am 4. Januar 1904 auf Grund des Zeugnisses des Amtsgerichts Cöln Abt. V 6 als Nachlaßgerichts vom 18. Dezember 1903.

Verfügung

zu 1—4:

1. Einzutr. ex tab. 1 Nr. ... i. Grdb. Bl. ...
2. Bgl. Abschr. des Testaments (Erbvertrages usw.) a. a.
3. Antrag a. a.
4. Nachr. Eigent. Kosten.
5. „ dingl. Berecht.
6. „ Katasteramt.
7. Erbschein und Testament an Antragsteller, Quittg. (Erbsch. befindet sich bei Abt. V 6 Nr. 543/03.)

[Ist der Erbschein von einem auswärtigen Gerichte ausgestellt, so muß man eine beglaubigte Abschrift zu den Akten verfügen, sonst genügt der vorstehende Hinweis auf die Erbscheinsakten.]

oder

7. Bescheinigg. des Nachlaßger. (über die fortges. G.G.) a. a.

5. **Eintragung von Erben auf Antrag des Testamentsvollstreckers** (s. S. 28).

Diese setzt voraus, daß das Grundstück der Verfügung des letzteren unterliegt. Gleichzeitig mit der Eintragung des Erben ist in Abt. II (§ 11 Abs. 1 Nr. 2 Allg. V. v. 20. 11. 99) das Vorhandensein des Testamentsvollstreckers einzutragen. Der Erbe kann dann, so lange der Testamentsvollstrecker eingetragen ist, keine dingliche Verfügung über das Grundstück treffen.

Eintragungsformel:

Sp. 1. Fritz Müller, Kaufmann in Cöln.

Sp. 3. Eingetragen am 10. Januar 1904 auf Grund des Antrages des Testamentsvollstreckers vom 9. Januar 1904.

Abt. II Nr. 1:

Der Rentner Franz Schmidt zu Bonn ist Testamentsvollstrecker bezüglich des Testaments des Kaufmanns Otto Müller[1]) zu Cöln. Eingetragen am 10. Januar 1904.

V.

1. Einzutr. ex tab. I² und II¹ i. Grdb. Bl. . . .
2. Nachr. Eigent.
3. „ Testamentsvollstr. Kosten!
4. „ dingl. Berecht.
5. „ Katasteramt.
6. Begl. Abschr. des Erbscheins und der Testamentsvollst.-Bescheinigg. a. a. (oder bei Abt. V 6 Nr. 604/03 und 20/03).
7. Bescheinigungen zu 6 an Antragsteller, Quittg.

6. **Die Eintragung des Vorerben** (§ 52 G.B.O.).

Die Nacherben sind namentlich zu bezeichnen; sind die Namen aus dem Testamente nicht oder nicht genau festzustellen, so kann der Grundbuchrichter einen Erbschein (§ 36 G.B.O.) fordern (R 5 S. 237). Die Eintragung des Vorerben erfolgt wie die Eintragung eines gewöhnlichen Erben (s. S. 29), aber das Recht der Nacherben ist von Amtswegen in Abt. II miteinzutragen. Der Richter ersieht das Vorhandensein des Nacherbenrechts aus dem Erbschein, sonst aus der vorgelegten letztwilligen Verfügung. Ist der Vorerbe befreit, so muß dies ebenfalls in Abt. II vermerkt werden. [Handelt es sich um eine Hypothek oder dergl., so ist der Vermerk in Abt. III zu setzen, der aber unterbleibt, wenn der nach §§ 2136 und 2137 B.G.B. befreite Vorerbe die Eintragung seines Cessionars nach § 41 G.B.O. beantragt (R 2 S. 391).]

Eintragungsformel:

In Abt. I Sp. 1. Fritz Müller, Kaufmann in Cöln.

Sp. 3. Eingetragen auf Grund des Erbscheins des Amtsgerichts Cöln vom 10. Mai 1903 am 4. Januar 1904.

In Abt. II Nr. 1: Das Recht des Rentners Otto Schmitz zu Cöln als Nacherbe des N. N. gemäß Testaments vom 1. Dezember 1902. Der Vorerbe Fritz Müller ist in Gemäßheit der §§ 2136 und 2137 B.G.B. befreit. Eingetragen am 4. Januar 1904.

V.

1. Einzutr. ex tab. I² und II¹ ins Grdb. Bl. . . .
2. Nachr. Eigent. Kosten.
3. „ Schmitz.
4. „ dingl. Berecht.

---

[1]) Der Name des Erblassers und bisher eingetragenen Eigentümers.

5. Nachr. Katasteramt.
6. Erbsch. (Testament) an Müller, Quittg.
7. Begl. Abschr. des Erbsch. (des Testaments) a. a.
(oder: Erbsch. bei Abt. V usw. [s. S. 30]).

Die Eintragung des Rechtes der Nacherben muß auch dann erfolgen, wenn der Vorerbe, ohne selbst eingetragen zu sein, das Grundstück aufläßt. Bei den vielen Zweifeln, welche in der Lehre von der Nacherbschaft bestehen und jederzeit neu auftauchen können, ist es geraten, tunlichst den Nacherben mitwirken oder seine Genehmigung beibringen zu lassen, andernfalls aber die vorliegende Sache an der Hand des Gesetzes und der Kommentare vorsichtig zu prüfen!

NB. Sollen nicht die Erben, sondern nur einige oder einer von ihnen eingetragen werden, so bedarf es der Auflassung. Das Erbrecht ist auch hier nachzuweisen. Ist ein bezüglich des Gegenstandes befugter Testamentsvollstrecker ernannt, so gilt das auf S. 28 a. E. Bemerkte.

k) Die Übertragung auf ein anderes Blatt.

Wenn eines von mehreren auf demselben Blatte eingetragenen Grundstücken oder ein Teil eines Grundstückes (s. S. 23) auf einen neuen Eigentümer übergeht, so muß man für das betr. Grundstück ein neues Blatt anlegen. Dies unterbleibt, wenn der Erwerber bereits ein Grundbuchblatt hat und beantragt hat, das neuerworbene Stück auf sein Blatt zu übertragen. Die Formalitäten auf dem Blatte des Veräußerers sind für beide Fälle gleich. Da sie sich auf alle drei Grundbuchabteilungen erstrecken, muß hier schon von den Eintragungen in Abt. II und III die Rede sein.

1. Das abzuschreibende Grundstück ist unbelastet.

Erstes Beispiel. Die unter lfdr. Nr. 3 eingetragene Parzelle 10 Flur 4 ist vom Blatt 10 Band I abzuschreiben. Der Erwerber hat Blatt 12 mit drei Grundstücken. Dann lautet die Eintragung auf Blatt 10 Sp. 13 u. 14 des Bestandsverzeichnisses:

3. Übertragen nach Bd. I Bl. 12 des Grundbuchs von Cöln am 4. Januar 1904. Unterschriften.

Auf Blatt 12, Bestandsverzeichnis:
Sp. 1: (lfd. Nr.) 4. Sp. 3: Cöln. Sp. 4: Flur 4 Parzelle 10.
Sp. 5: Nr. 3. Sp. 6: —. Sp. 7: Hofraum. Sp. 8: Die Größe.
Sp. 9: 1 (Thlr.) 15 ($^1/_{100}$). Sp. 10: —.
Sp. 11: lfd. 4: Von Blatt 10 Bd. I hierher übertragen am 4. Januar 1904.
In Abt. I Sp. 2: (Nr.) 4. Aufgelassen und eingetragen am 4. Januar 1904.

Zweites Beispiel. Der Erwerber hat noch **kein** Blatt.

Dann wird ein neues Blatt angelegt und unter lfdr. Nr. 1—4 8, 9, sowie 11 u. 12 des Bestandsverzeichnisses so ausgefüllt wie im ersten Beispiel, nur daß man statt der lfdn. Nr. 4 die lfde. Nr. 1 setzt. Der Artikel der Grundsteuermutterrolle ist nicht auszufüllen; das geschieht erst, wenn das von der Eigentumsveränderung benachrichtigte Katasteramt die neue Artikelnummer mitteilt. In Abt. I dagegen ist in Sp. 1 einzutragen:

Fritz Schneider, Architekt zu Cöln

und in Sp. 3: Aufgelassen und eingetragen am 4. Januar 1904.

Verfügung zum ersten Beispiel:

1. Einzutr. ex tab. Bestandsverz. Bl. 10 zu lfdr. Nr. 3 } i. Grdb.
2. „ „ „ „ u. Abt. I zu lfdr. Nr. 4 Bl. 12 } i. Grdb.
3. Nachr. Eigent.
4. „ Erwerber.
5. „ Katasteramt.
6. Kosten v. Erwerber.

Verf. zum zweiten Beispiel:

1. Einzutr. ex tab. Bl. 10 zu lfdr. Nr. 3 Bestandsverz. u. Grdb.
2. „ „ „ Bd. 401 Bl. 16003 „ „ Abt. I i. Grdb.
3. usw. wie vorstehend.

2. Das abzuschreibende Grundstück ist belastet.

Man muß dann unterscheiden, ob dasselbe allein Hypotheken und Lasten hat oder ob es mit den anderen Grundstücken (bez. dem verbleibenden Reste) des Veräußerers die Hypotheken und Lasten trägt.

a) Es trägt allein Lasten.

Dann schreibt man auf Blatt 10 in die Hauptspalte Löschungen Abt. II Nr. 1: Mit der belasteten Parzelle lfde. Nr. 3 des Bestandsverzeichnisses (oder kürzer: Mit Parzelle 10 Flur 4) nach Blatt 12 übertragen und deshalb hier gelöscht am 4. Januar 1904.

In Abt. III zu der Hypothek lfde. Nr. 1 über 1000 Mk. in Spalte Löschungen:

1. 1000 Mk. wegen Übertragung nach Blatt 12 hier gelöscht am 4. Januar 1904.

Auf dem Blatte 12 ist einzutragen:

In Abt. II unter Nr. 1 (resp. unter der nächsten offenen Nr.) der Inhalt der Eintragung des Rechtes lfde. Nr. 1 des Blattes 10 und zwar wörtlich und mit dem Zusatze am Schlusse:

„Mit der allein belasteten Parzelle 10 Flur 4 hierher von Band 1 Blatt 10 übertragen am 4. Januar 1904."

In Abt. III: Nr. . . . 1000 Mk. (wie auf Blatt 10 Abt. III Nr. 1) mit dem Zusatze:

„Mit der allein belasteten Parzelle 10 Flur 4 von Blatt 10 Bd. I hierher übertragen am 4. Januar 1904."

Wird auf das neue Blatt 16003 übertragen, so sind die Vermerke **auf Blatt 10** die gleichen wie oben (nur ist statt Blatt 12 die Blattnummer 16003 zu setzen), aber auf Blatt 16003 lauten sie anders. Dort bekommt die übertragene Hypothek und die Last die Nr. 1; die belastete Parzelle ist nur durch die Ziffer 1 in Sp. 2 Abt. II u. III zu bezeichnen und am Schlusse heißt es:

„Von Blatt 10 Bd. I hierher übertragen am 4. Januar 1904."

Sind mehrere Lasten oder Hypotheken zu übertragen, so bekommen sie die Reihenfolge, die sie auf Blatt 10 hatten. Erst nach ihrer Übertragung dürfen die neu bestellten Rechte zur Eintragung gelangen.

Verf. (für Bl. 10 u. 12).

1. Einzutr. ex tab. Bl. 10 Bestdsverz. lfde. Nr. 3 u. Lösch. Abt. II¹ u. III¹ i. Grdb.
2. „ „ „ „ 12 „ „ „ 4 „ Abt. I, II¹ u. III¹ i. Grdb. (ins. II¹ u. III¹ wie Bl. 10).
3. Nachr. Eigent.
4. „ Erwerber.
5. „ dingl. Berecht.
6. „ Katasteramt.
7. Kosten von . . .

Verf. (für Bl. 10 u. 16003).

1. Einzutr. ex tab. Bl. 10 Bestdsverz. lfde. Nr. 3 u. Lösch. II¹ u. III¹ } i. Grdb.
2. „ „ „ „ 16003 „ „ „ 1, Abt. I¹, II¹ u. III¹ } i. Grdb.

usw. wie oben.

Man braucht die Hypotheken nicht selbst zu übertragen, ordnet vielmehr durch den Vermerk „ins." an, daß dies geschehe. Muß man noch neue Belastungen eintragen, so läßt man soviel Platz wie die zu übertragenden Belastungen erfordern. Die übertragenen Posten sind zu unterschreiben.

b) Das Grundstück ist **mitbelastet**.

Dann wird auf Blatt 10 **nicht gelöscht**, sondern in die Sp. Abschreibungen in Abt. II u. III folgendes eingetragen:

Zur Mithaft nach Blatt 12 (resp. 16003) übertragen am 4. Januar 1904.

Auf Blatt 12 trägt man die Belastung nach den obigen Vorschriften ein und schreibt darunter:

Von Blatt 10 dieses Grundbuches mit der Parzelle 10 Flur 4 zur Mithaft hierher übertragen am 4. Januar 1904.

Unterschrift.

Bei dem neuen Blatte 16003 ist die Parzelle nicht zu erwähnen, weil die lfde. Nr. in Sp. 2 sie genügend kennzeichnet. Es genügt da der Vermerk: Sp. 1: Nr. 1, Sp. 2: Nr. 1: 1000 Mk. usw., am Schlusse:

Zur Mithaft von Blatt 10 hierher übertragen am 4. Januar 1904.
Unterschrift.

B.

1. Einzutr. ex tab. Bl. 10 Bestdsverz. lfde. Nr. 3 u. Sp. B. II¹ u. III¹ i. Grdb.
2. " " " " 12 " " " 4 Abt. I, II¹ u. III¹
[resp. 2. Einzutr. ex tab. Bl. 16003 Bestdsverz. lfde. Nr. 1 Abt. I, II¹ u. III¹]
(ins. zu II¹ u. III¹ wie Blatt 10 Nr. 1 Abt. II u. III)
3. Nachr. Erwerber usw. wie zu a.

Man sei sehr vorsichtig, daß man keine zu übertragende Post vergesse. Die Gefahr, sich haftbar zu machen, ist gerade hier besonders groß. In allen Fällen kommen zuerst die übertragenen Posten, dann erst die Neueintragungen. — Ist das abzuschreibende Grundstück aus der Hypothek oder Belastung freigegeben, so wird es natürlich ebenso behandelt, wie ein ganz unbelastetes Grundstück.

Anhang.

Das Verfahren mit den alten preußischen Formularen I u. II.

Mit den alten Formularen wird man noch lange Jahre hindurch zu tun haben. Die wegen Überfüllung oder infolge von Abschreibungen neu anzulegenden Blätter sind als Blätter des neuen Formulars anzulegen. Letzteres muß stets geschehen, wenn die Bücher noch nicht eingebunden sind (vgl. §§ 27, 28 V. v. 20. 10. 99). Die Abteilungen II u. III des alten Formulars II unterscheiden sich vom neuen Formular gar nicht, die des alten Formulars I nur darin, daß keine Spalte für die Angabe des belasteten Grundstücks vorhanden ist. Ist nichts anderes angegeben, so gilt der ganze Bestand des Titelblattes als belastet. Soll nur eine Parzelle belastet sein, so macht man das entweder in folgender Weise:

Auf Parzelle 10 Flur 1:
lfde. Nr. 1 Tausend Mark Darlehen usw.

oder man schreibt ans Ende der Post: Eingetragen am ... mit dem Bemerken, daß nur Parzelle 10 Flur 1 belastet ist.

Wir brauchen uns deshalb hier nur mit dem Titelblatte und der Abt. I zu beschäftigen.

Das Formular I.

Zuschreibungen und Abschreibungen (auch Ausscheidung) erfolgen auf dem Titelblatte (§ 28 u. § 8 Abs. 3 a. a. O.). Der Erwerbsgrund ist in Abt. I in der Spalte „Zeit und Grund des Erwerbes" einzutragen, z. B. in folgender Weise: „lfde. Nr. 4 des Titelblattes ist auf Grund der Auflassung vom 3. Januar 1904 eingetragen am selben Tage." Der früher in Abt. I in Verbindung mit dem Auflassungsvermerke übliche Eintrag „lfde. Nr. 4 des Titelbl. ist infolge Auflassung vom ... von Blatt ... hierher übertragen. Eingetragen am ..." ist nicht mehr zulässig. Derartige Hinweise gehören in die zweite Spalte (die Hauptspalte) des Titelblattes (§ 8 Abs. 3 Nr. 1—5). — Die Eintragungen nach § 9 V. v. 20. 11. 99 erfolgen ebenfalls auf dem Titelblatte (§ 28 das.).

Das Formular II.

Der Name des Eigentümers ist wie bisher auf das Titelblatt zu setzen (§§ 10 Abs. 1 Nr. 1 und 28 das.). Der Auflassungsvermerk und die Vermerke § 8 Abs. 3 a. a. O. gehören in Sp. 8 der Abt. I. — Die Eintragungen aus § 9 erfolgen in Abt. I unter Verweisung auf die lfd. Nr. des Grundstückes, dessen jeweiligem Eigentümer das Recht zusteht (§ 28 das.).

Im übrigen besteht zwischen der Formulierung der Eintragungen und den Verfügungen kein Unterschied zwischen dem neuen und den alten Formularen, **nur daß man beachten muß,** daß bei Formular I die Grundstücke nicht im „Bestandsverzeichnis" sondern auf dem „Titelblatte" stehen, und daß bei Formular II die **Grundstücke** in Abteilung I und die **Eigentümer** auf dem Titelblatte stehen, wo auch die Vermerke über die Beteiligung oder das Rechtsverhältnis (§ 48 G.B.O.) ihren Platz finden.

II. Die Eintragungen in Abteilung II.

§ 11 der V. v. 20. 11. 99 enthält die Zusammenstellung der Rechte und Beschränkungen, zu deren Aufnahme die Abt. II bestimmt ist, auf welche hier verwiesen werden muß. Besonders wichtig sind die dinglichen Rechte, deren Kreis ein eng begrenzter ist. Was nicht dinglicher Natur ist, kann auch nicht durch Eintragung dinglichen Charakter bekommen. Nur die dinglichen Rechte sind der Eintragung fähig, welche das B.G.B. aufführt (R 2 S. 489). Sie verdanken ihre Entstehung entweder einer gesetzlichen Vorschrift oder dem Parteiwillen (Rechtsgeschäft). Zur rechtsgeschäftlichen Begründung bedarf es der Einigung des Berechtigten und des anderen Teiles sowie der Eintragung in das Grundbuch bezüglich der gewollten Rechtsänderung. Ohne Eintragung kein dingliches Recht! (Ausnahme bez. der vor 1900 entstandenen Rechte Art. 187

E.G. z. B.G.B., und in Art. 22 A.G. z. B.G.B. bez. einiger anderer Rechte, s. d.). Der Nachweis der Einigung ist dem Richter nicht zu führen, aber zur Eintragung selbst ist die Bewilligung des Eingetragenen oder seine Eintragung gleichzeitig erlangenden Eigentümers erforderlich. Erben können ein dingliches Recht nicht eintragen lassen, ehe sie selbst eingetragen sind oder werden (§ 41 G.B.O.). Die Bewilligung muß in der Form des § 29 das. erfolgen. Sie wird ersetzt durch eine dem Eigentümer zur Eintragungsbewilligung verurteilende gerichtliche Entscheidung, aus der das Recht nur vorgemerkt wird, wenn sie nur vorläufig vollstreckbar ist.

Außer den Eintragungen auf Parteiantrag (bei Reallasten, Altenteil, Servituten, Erbbau und dinglichem Verkaufsrecht) erfolgen Eintragungen auch auf Ersuchen zuständiger Behörden. Dies gilt namentlich vom Konkurs-, Zwangsverwaltungs-, Zwangsversteigerungs- und Enteignungsvermerk, gerichtlichen Veräußerungsverboten, Vormerkungen zur Erhaltung des Rechtes auf Auflassung usw., von denen unten noch die Rede sein wird. Auch Eintragungen ohne Antrag, von Amts wegen kommen vor (s. S. 18).

Es kann sowohl das ganze Grundstück als auch ein ziffermäßig angegebener Bruchteil desselben belastet werden. Bei Grunddienstbarkeiten und Erbbaurechten ist die Belastung eines Bruchteils nicht angängig, weil diese Rechte das ganze Grundstück oder einen räumlich bestimmten Teil desselben ergreifen. Wir wenden uns nun zu den einzelnen Fällen.

A. Die dinglichen Rechte.

1. Dienstbarkeiten.

Es gibt drei Arten: Grunddienstbarkeiten, Nießbrauch und beschränkte persönliche Dienstbarkeiten.

a) Die Grunddienstbarkeiten (§ 1018 B.G.B.)

sind nach § 8 G.B.O. auf Antrag auch auf dem Blatte des Berechtigten zu vermerken und zwar im II. Abschnitt des Bestandsverzeichnisses (§ 9 V. v. 20. 11. 99. Vgl. das amtliche Formular lfd. Nr. 2 des Verzeichnisses der mit dem Eigentum verbundenen Rechte). — Nicht selten sind die Eintragungsbewilligungen so gefaßt, daß ihnen im Hinblick auf § 1018 B.G.B. nicht entsprochen werden kann, z. B.: „Wenn der Käufer baut, muß er an der Nordseite der Parzelle 10 bauen. Dieses Recht soll zugunsten des Nachbarhauses resp. seines jeweiligen Eigentümers eingetragen werden." Das geht natürlich nicht. Es wird aber eintragungsfähig, wenn man so schreibt: „Die Südseite der Parzelle 10 Flur 7 darf nicht bebaut werden. Zugunsten des jeweiligen Eigentümers des Hauses Marktplatz 10 Flur 7 Parzelle 11 unter Bezugnahme auf die Bewilligung vom . . . eingetragen am . . .", vorausgesetzt, daß dieser Eintragungsinhalt der Absicht der Parteien und der tatsächlichen Lage der Dinge entspricht. Ein Abkommen, daß auf einem Grundstücke gewerbliche Anlagen, Ställe Schanklokale usw. nicht errichtet werden dürfen, enthält eine Beschränkung dahin, daß auf dem Grundstück gewisse Handlungen nicht vorgenommen werden dürfen. Eine solche Beschränkung kann den Inhalt einer Grunddienstbarkeit oder einer beschränkten persönlichen Dienstbarkeit bilden (R 5 S. 316). Dagegen muß man Anträge, die sich auf ein Tun des Verpflichteten erstrecken, ablehnen. Beispiel: Es soll zugunsten der Reichsmilitärverwaltung eingetragen werden, daß der Eigentümer verpflichtet sei, im Falle eines Krieges seine im Rayonbezirke belegenen Gebäude abzubrechen. Das ist keine Servitut.

Eintragungsformel für das Blatt des pflichtigen Grundstückes Bd. 2 Bl. 60 Abt. II:

Auf Nr. 2 lfd. Nr. 1	Dem jeweiligen Eigentümer der Parzelle 5 Flur 6 — Bd. 2 Bl. 61 — steht eine Fahrgerechtigkeit zu. Unter Bezugnahme auf die Bewilligung vom . . . eingetragen am . . .

V.

1. Einzutr. ex tab. II¹ i. Grdb. Bl. . . .
2. Nachr. Eigent.
3. „ Berecht.
4. Antrag a. a. oder die Abschr. oder begl. Abschr. a. a.
5. Kosten von . . .

Eintragungsformel für den Vermerk auf Blatt 61 Bd. 2 (dem Blatte des Berechtigten) im II. Abschn. des Bestandsverzeichnisses: lfd. Nr. 1: Fahrgerechtsame an der Blatt 60 Bd. 2 des Grundbuches von . . . eingetragenen Parzelle 8 Flur 6. Eingetragen am . . .

V.

1. Einzutr. ex tab. Bl. 60 Abt. II¹ i. Grdb.
2. „ „ „ „ 61 „ II¹ des Best.Verz. i. Grdb.
3. Nachr. Eigent.
4. „ Berecht.
5. Antrag a. a. oder begl. Abschr. a. a.
6. Kosten von . . .

b) Der Nießbrauch.

Was unter einem Nießbrauch zu verstehen sei, ergibt der § 1030 B.G.B. Dem N. ist wesentlich, daß er auf die Gesamtheit der Nutzungen einer Sache gerichtet ist; einzelne Nutzungen können zwar unbeschadet des

Wesens des N. ausgenommen werden (§ 1030²), es ist aber kein N., wenn nur einzelne Nutzungen als solche eingeräumt werden (R 6 S. 121). Ein solches Recht kann, weil es eben kein N. ist, nicht eingetragen werden. Da eine Übertragung des Nießbrauchsrechts als solches unzulässig ist (nur die Ausübung ist übertragbar), so ist der Antrag auf Eintragung der Übertragung abzulehnen. Bei der Eintragung des N. ist zweckmäßig stets von der Befugnis des § 874 Gebrauch zu machen. Die Bezugnahme genügt aber nicht, wenn bewilligt ist, daß im Grundbuche eingetragen werde, daß zur Löschung des Rechtes der Nachweis des Todes des Berechtigten genügen solle (§ 23 Abs. 2 G.B.O.), vielmehr ist diese Bestimmung ausdrücklich aufzunehmen. Der N. erlischt mit dem Tode des Berechtigten (s. u.).

Eintragungsformel:

Nießbrauch für den Landwirt Peter Feld zu H. Zur Löschung genügt der Nachweis des Todes des Berechtigten. Unter Bezugnahme auf die Bewilligung vom . . . eingetragen am . . .

V.

1. Einzutr. ex tab. II¹ i. Grdb. Bl. . . .
2. Nachr. Eigent. Kosten!
3. „ Berecht.
4. . . . Abschr. a. a.

c) Beschränkte persönliche Dienstbarkeiten.

Treffend charakterisiert Fuchs (S. 335) diese Rechte (§ 1090 B.G.B.) dahin, daß sie sich durch das „Beschränkte" vom Nießbrauch, durch das „Persönliche" von den Grunddienstbarkeiten unterscheiden. Der Nießbraucher nutzt alles, was nicht ausgenommen ist, der Berechtigte der beschr. pers. Dienstbarkeit nutzt nur, was besonders bestimmt ist. Der Inhalt eines solchen Rechtes kann sehr verschiedener Art sein, aber immer endet das Recht mit dem Tode des Berechtigten; es ist weder vererblich noch übertragbar (§ 1092), und die Ausübung kann nur übertragen werden, wenn es ausdrücklich gestattet ist (1092 Abs. 2). — Besonders ausgestaltet ist im B.G.B. nur das Wohnungsrecht (s. § 1093), das namentlich auch in den Leibgedinge-, Altenteils- oder Auszugsvertrag hinübergreift, den man gewöhnlich als eine Reallast ansah, der aber heute einen aus Reallast und beschränkter persönlicher Dienstbarkeit gemischten Charakter hat (Fuchs S. 339 und 364; a. M. Turnau-Förster, S. 340 „das Leibgedinge hat je nach der Beschaffenheit der Leistung oder der dem Berechtigten zugestandenen Befugnisse den Charakter einer Reallast oder einer persönlichen Dienstbarkeit").

Eintragsformel für ein Wohnungsrecht s. gef. Formular II².

Eintragungsformel für einen Altenteil (§ 50 G.B.O.).

Altenteil für den Ackermann Heinrich Fleißig zu N. Eingetragen am ... unter Bezugnahme auf die Bewilligung vom ...

V.

1. Einzutr. ex tab. II[1] und Grdb. Bl. ...
2. Nachr. Eigent.
3. „ Berecht.
4. ... Abschr. des Vertrages a. a.
5. Kosten von ...

Im übrigen vgl. Art. 15 des A.G. z. B.G.B.

2. Vorkaufsrecht.

Nicht zu verwechseln mit dem persönlichen Vorkaufsrecht §§ 504ff. B.G.B.) oder mit dem ebenfalls rein persönlichen und darum nicht eintragbaren Ankaufsrecht. Auch das Wiederkaufsrecht ist als nicht dingliches Recht auszuscheiden. Das Vorkaufsrecht entsteht durch Einigung und Eintragung und kann auch zugunsten des jeweiligen Eigentümers eines anderen Grundstückes bestellt werden (§ 1094). Die §§ 1904 ff. beziehen sich nur auf die rechtsgeschäftliche Begründung. Reichsgesetzlich gibt es nur ein gesetzliches Vorkaufsrecht, das der Miterben (§§ 2034—2037). Das Vorkaufsrecht des § 141 des Preuß. Berggeſ. und des § 57 des Enteignungsgeſ. bedarf der Eintragung im Grundbuche nicht; es bleibt auch ohne Eintragung in Kraft (Art. 22 A.G. z. B.G.B.). Dritten gegenüber hat das Vorkaufsrecht der §§ 1094 ff. den Charakter einer Vormerkung zur Sicherung des durch die Ausübung des Rechtes entstehenden Anspruches auf Übertragung des Eigentums (§ 1098). Wegen der Übertragbarkeit des Rechtes s. § 1103.

Eintragungsformel:

Belastet: Nr. 3. — Lfde. Nr. 2. Dem jeweiligen Eigentümer der Parzelle Nr. 1 Flur 30 (Band I Blatt 10) steht ein Vorkaufsrecht zu. Unter Bezugnahme auf die Bewilligung vom ... eingetragen am ...

V.

1. Einzutr. ex tab. II[2] i. Grdb. Bl. ...
2. Nachr. Eigent.
3. „ Berecht.
4. ... Abschr. a. a.
5. Kosten von ...

Das den jeweiligen Eigentümern zustehende Recht (nur dieses!) ist auf Antrag auch auf dem Blatte des Berechtigten einzutragen (§ 8 G.B.O.).

3. Erbbaurecht.

Es ist das Recht, ein Bauwerk auf fremdem Grund und Boden zu haben (§ 1012), ein dingliches Recht an einer fremden Sache. Von den übrigen Rechten an fremder Sache ist es dadurch verschieden, daß das Recht wie ein Grundstück rechtlich behandelt wird (§ 1017), wie dieses ein besonderes Blatt im Grundbuche erhalten kann (§ 7 G.B.O., Fuchs S. 263). Das Bauwerk kann sich über und unter der Erdoberfläche befinden und braucht nicht gerade ein Gebäude zu sein. Das Recht ist veräußerlich und vererblich (§ 1012). Eine formlose Einigung genügt nicht, sie ist vielmehr von seiten des Eigentümers und des Berechtigten bei gleichzeitiger Anwesenheit beider Teile vor dem Grundbuchamte zu erklären (§ 1015). Der etwa errichtete Vertrag bedarf der Form des § 313. Auf Antrag ist für das Erbbaurecht ein besonderes Blatt anzulegen. Soll das Recht veräußert oder belastet werden, so muß nach § 7 G.B.O. von Amtswegen ein besonderes Blatt angelegt, und daß dies geschehen, auf dem Blatte des belasteten Grundstückes vermerkt werden. Alles was von dieser Anlegung an der Eintragung bedarf, um wirksam zu sein, ist nun auf dem neuen Blatte einzutragen. Inhalt und Umfang des Rechtes richten sich nach dem bei der Bestellung geäußerten Parteiwillen. Ob das Gewollte ein Erbbaurecht ist, hat der Grundbuchrichter zu prüfen. Auf Antrag ist zugleich mit der Eintragung des Rechtes ein Höchstbetrag entsprechend der Vorschrift des § 882 einzutragen. Die Belastung mit einem Erbbaurechte kann nach der Definition des § 1012 nicht zugunsten des jeweiligen Eigentümers eines anderen Grundstückes erfolgen; deshalb findet auch § 8 G.B.O. hier keine Anwendung. Durch Untergang des Bauwerkes erlischt das Erbbaurecht nicht.

Eintragungsformel: s. gesetzl. Formular II[5].

V.

1. Einzutr. ex tab. II[5] im Erdb. Bl. ...
2. Nachr. Eigent.
3. „ Berecht.
4. Kosten von ...

Mit Ausnahme des rheinischen Rechtsgebietes kann die Bestellung nur vor dem Richter erfolgen; die Verhandlung bleibt bei den Akten. Im genannten Rechtsgebiete ist noch

5. die Abschrift oder begl. Abschr. a. a.

zu verfügen.

4. Reallasten.

„Ein Grundstück kann in der Weise belastet werden, daß an denjenigen, zu dessen Gunsten die Belastung erfolgt, wiederkehrende Leistungen aus dem

Grundstücke zu entrichten sind (Reallast). Die Reallast kann auch zugunsten des jeweiligen Eigentümers eines anderen Grundstückes bestellt werden" (§ 1105). Die Leistungen müssen wiederkehrende sein, einerlei ob in gleichen oder in ungleichen Zwischenräumen; auch die einzelnen Leistungen, die sehr verschiedener Art sein können, brauchen nicht jedesmal gleich zu sein. Die Begründung erfolgt auch hier durch Einigung und Eintragung. Die Reallast kann auf Zeit und mit dem Rechte der Ablösung für den Eigentümer begründet werden; nur darf die Ablösung nicht für länger als 30 Jahre ausgeschlossen und kein höherer Ablösungsbetrag als der 25fache festgesetzt sein (R 2 S. 495). — Die einzelnen Leistungen einer einzutragenden Reallast brauchen nicht mit einem ziffermäßig bestimmten Geldbetrage ins Grundbuch eingetragen zu werden, jedoch muß der Inhalt der R. in der Eintragungsbewilligung soweit individualisiert sein, daß die in Betracht kommende Höchstbelastung in einen Geldbetrag umgewandelt werden kann (R 3 S. 360). —

Die preußischen Ablösungsgesetze sind durch Art. 113 E.G. z. B.G.B. aufrecht erhalten; s. a. Art. 30 A.G. z. B.G.B. In der ganzen Monarchie können danach beständige Abgaben und Leistungen privatrechtlicher Natur mit alleiniger Ausnahme fester Geldrenten, einem Grundstücke als Reallasten nicht mehr aufgelegt werden. Leibrente und Altenteil sind keine beständigen Leistungen (Fuchs S. 360), können also unbedenklich als Reallasten eingetragen werden. Dagegen kommen die öffentlichrechtlichen Lasten nicht in Betracht. Gesetzliche R. sind die Renten für Überbau und Notweg (§§ 912^2, 914^3, 917^2) und die Unterhaltungsverpflichtung aus § 1022. — Die Eintragung des dem jeweiligen Eigentümer zustehenden R. erfolgt auf Antrag auch im Bestandsverzeichnisse auf dem Grundbuchblatte des Berechtigten (§ 8 G.B.O.).

Eintragungsformel a)

lfde. Nr. 2, auf Nr. 1, 2, 3: 400 M.	Lebenslängliche Leibrente in Höhe von jährlich vierhundert Mark, an den Kalenderquartalsersten im voraus mit je 100 Mk. zu zahlen. Eingetragen am ... für die Witwe Anna Sorgenfrei geb. Müller zu Cöln unter Bezugnahme auf die Bewilligung von ...

Eintragungsformel b)

lfde. Nr. 2, auf Nr. 1: 30 M.	Dem jeweiligen Eigentümer des Grundstückes Flur 1 Parzelle Nr. 10 — Bd. 1 Blatt 4 dieses Grundbuches — ist alljährlich am 24. Juni bis zum Jahre 1930 einschließlich eine Rente von dreißig Mark zu zahlen. Unter Bezugnahme auf die Bewilligung vom ... eingetragen am ...

V. zu a und b.

1. Einzutr. ex tab. II² i. Grdb. Bl. . . .
2. Nachr. Eigent.
3. „ Berecht.
4. . . . Abschr. a. a.
5. Kosten vom . . .

Anm. Die vor 1900 eingetragenen antichretischen Rechte sind mit ihrem aus den früheren Gesetzen sich ergebenden Inhalt und Rang bestehen geblieben. Als dingliches Recht kennt sie das B.G.B. nicht, deshalb kommen sie auch für den Grundbuchrichter nicht in Betracht.

B. Die Verfügungsbeschränkungen.

Die Eintragung erfolgt

a) von Amts wegen.

Dies ist der Fall bei der Eintragung des Nacherben, des Testamentsvollstreckers und des Enteignungsvermerkes. Von ersteren beiden war bereits oben die Rede. Was das **Enteignungsverfahren** angeht, so hat der Unternehmer unter Vorlegung des Feststellungsbeschlusses oder einer sonstigen Bescheinigung der Enteignungsbehörde (Bezirksausschuß) dem Grundbuchrichter mitzuteilen, daß das Verfahren betrieben werde. Dann ist von Amts wegen in Abt. II der Enteignungsvermerk einzutragen und gleichzeitig eine beglaubigte Abschrift des Grundbuchblattes zu erteilen. Erfolgt die Enteignung auf Grund des Fluchtliniengesetzes v. 2. 7. 75, so genügt die Bescheinigung der Gemeindebehörde zur Herbeiführung der Eintragung. Solange der Vermerk eingetragen ist, muß der Enteignungsbehörde von jeder an dem Grundstücke eintretenden Rechtsveränderung, welche für die Vertretung des Grundstückes oder die Auszahlung der Entschädigung von Bedeutung ist, von Amts wegen Mitteilung gemacht werden.

Eintragungsformel.

lfde. Nr. 1. Nr. 1 u. 2. Das Enteignungsverfahren ist eingeleitet. Eingetragen am . . . (bei altem Formular I „bezüglich der Parzellen lfde. Nr. 1 und 2 des Titelblattes ist das E. eingeleitet" usw.).

V.

1. Einzutr. ex tab. II¹ i. Grdb. Bl. . . .
2. Nachr. Eigent.
3. „ Stadt Cöln.
4. Begl. Abschr. der Tabelle für die Stadt Cöln.
5. Antr. a. a. (falls nicht darauf verfügt ist).
6. Kosten außer Ansatz.

Im übrigen vergl. S. 26.

Die Eintragung erfolgt ferner

b) auf Ersuchen zuständiger Behörden.

1. Das Ersuchen des mit der **Zwangsvollstreckung in das unbewegliche Vermögen** betrauten Richters.

Von der Eintragung des Erstehers war bereits an anderer Stelle die Rede. Hier handelt es sich nur um das Ersuchen, die Anordnung der Zwangsverwaltung oder Zwangsversteigerung einzutragen. Diese Vermerke hindern den Eigentümer nicht an der grundbuchmäßigen Verfügung über das Grundstück, jedoch sind Verfügungen, welche nach Eintragung des Zwangsversteigerungsvermerkes erfolgen, dem betreibenden und den etwa beigetretenen Gläubigern gegenüber unwirksam. Der Grundbuchrichter kann aber weder die Eintragung eines neuen Eigentümers noch die einer neuen Hypothek usw. ablehnen. Geht das Ersuchen, die Sperrvermerke einzutragen, für beide gleichzeitig ein, so kann man die Reihenfolge beliebig machen. Eine Rangordnung bei Eintragungen, die das Grundstück nicht belasten — wie bei diesen der Fall — gibt es nicht (§ 879 B.G.B. gilt nur für belastende Rechte, s. § 46 Abs. 3 G.B.O.). Von allen Eintragungen, welche erfolgen, solange die bez. Vermerke nicht gelöscht sind, ist der Vollstreckungsabteilung Nachricht zu geben. Bei Eintragung des Vermerkes muß letzterer eine beglaubigte Abschrift (Vorsicht beim Kollationieren!) des Blattes zugefertigt werden, desgleichen auch der Urkunden, auf die Bezug genommen ist. Da letzteres aber sehr umständlich ist, kann man sich darauf beschränken, die Grundakten kurze Zeit vor dem Versteigerungstermine an die betr. Abteilung abzugeben. Man verfügt gleich auf dem Ersuchungsschreiben.

Eintragungsformel.

1. Die Zwangsverwaltung (oder Zw.-Versteigerung) ist angeordnet. Eingetragen am ...

V.

1. Einzutr. ex tab. II[1] i. Grdb. Bl. ...
2. Nachr. Eigent.
3. „ Abt. ... (Nr. der ersuchenden Abt.)
4. Begl. Abschr. des Blattes an Abt. ...

2. **Ersuchen des Konkursgerichts.**

Maßgebend ist das Ersuchen (§ 113 K.O.). Danach ist in der Regel nur die Eröffnung des **Konkurses** einzutragen, öfters aber auch außerdem das nach § 106 K.O. erlassene Veräußerungsverbot. Wenn das Ersuchen dahin geht, „bei den im dortigen Bezirke eingetragenen Grundstücken den **Vermerk** einzutragen," so lasse man sich hierauf nicht ein. Man **kann dann** sehr leicht ein Grundstück übersehen. Das **Konkursgericht** hat die Grundstücke (oder die Rechte in Abt. II und III), welche durch den Vermerk gesperrt werden sollen, namentlich aufzuführen, und wenn es sie nicht kennt, sich von dem Gemeinschuldner oder Verwalter Auskunft erteilen zu lassen. Den Antrag auf Eintragung kann auch der Konkursverwalter formlos stellen, jedoch muß er zu seiner Legitimation seine Bestallung beifügen, wenn seine Ernennung nicht gerichtskundig ist.

Eintragungsformel.

lfde. Nr. 1. Über das Vermögen des eingetragenen Eigentümers Fritz Müller ist am 4. Januar 1904 mittags 12 Uhr das Konkursverfahren vom Amtsgericht Cöln eröffnet. Eingetragen am . . .

V.

1. Einzutr. ex tab. II[1] i. Grdb. Bl. . . .
2. Nachr. Konkursverwalter.
3. „ dem ersuchenden Gerichte.
4. Antr. a. a.
5. Kosten außer Ansatz.

3. **Ersuchen des Prozeßgerichts.**

Das Prozeßgericht bezw. das Amtsgericht (§ 942 C.P.O.) kann im Wege der einstweiligen Verfügung (§§ 883 ff. B.G.B.) die Eintragung einer Vormerkung im Grundbuche anordnen und das Grundbuchamt um Eintragung ersuchen (§ 941 C.P.O.). Das Ersuchen muß der für Ersuchen der öffentlichen Behörden vorgeschriebenen Form entsprechen und die Ausfertigung der einstweiligen Verfügung muß beiliegen. Der Nachweis der zuvorigen Zustellung kann nicht gefordert werden (§§ 936 und 929 Abs. 2 und 3 C.P.O.). Die Vormerkung hat den Charakter einer qualifizierten Verfügungsbeschränkung. Der Inhalt einer solchen kann sehr verschieden sein, am häufigsten wird dem Eigentümer die Veräußerung und Belastung des Grundstückes zum Nachteil einer bestimmten Person untersagt oder das Recht auf Auflassung für jemand vorgemerkt. Im ersteren Falle wird das Grundbuch nicht gegen Eintragungen, die dem Verbote zuwider vorgenommen werden, gesperrt. Der Grundbuchrichter ist mit der Prüfung der Tragweite des Veräußerungsverbots nicht befaßt. Das dem Verbote zuwiderlaufende Veräußerungs- (und Belastungs-) Geschäft wird eingetragen, vorausgesetzt, daß es an sich den Anforderungen entspricht, die man in Grundbuchsachen stellen muß. (Turnau-Förster I S. 211.) Die Eintragung ist aber nach § 135 B.G.B. dem durch das Veräußerungsverbot Geschützten gegenüber unwirksam. Nach der Ansicht von Turnau-Förster I S. 212 ff. soll das Veräußerungsverbot im allgemeinen auch das Verbot der Belastung in sich schließen. Die einstweiligen Verfügungen pflegen aber das Belastungsverbot noch besonders auszusprechen und dann hat es der Grundbuchrichter miteinzutragen. Nach § 885² B.G.B. ist die Bezugnahme auf die einstweilige Verfügung zulässig.

Eintragungsformel a.

Auf Nr. 1. lfde. Nr. 2. Dem eingetragenen Eigentümer Fritz Meyer ist die Veräußerung und Belastung des Grundstückes (bei Formular I „der Parzellen Nr. . . . Flur . . ."; sind diese nicht angegeben, so gilt der ganze auf dem Titelbl. eingetragene Grundbesitz als betroffen) zum Nachteile des Rentners Otto Schulze zu Cöln untersagt. Unter Bezugnahme auf die einstweilige Verfügung des Kgl. Landgerichts zu Cöln, II. Civilkammer vom . . . vorgemerkt am . . .

oder

Dem eingetr. Eigent. F. M. ist die Veräuß. und Belastg. des Grundstückes untersagt. Zu Gunsten des Rentners Otto Schulze zu Cöln unter Bezugnahme usw. vorgemerkt am . . .

Eintragungsformel b.

Dem Rentner Otto Schulze zu Cöln steht das Recht auf Auflassung zu. Vorgemerkt am . . . unter Bezugnahme usw.

oder

Vormerkung zur Erhaltung des Rechts auf Auflassung. Eingetragen unter Bezugnahme auf die einstweil. Verf. des Kgl. Landgerichts usw. . . . am . . .

Man kann nach Belieben die eine oder die andere Fassung wählen.

V.

1. Einzutr. ex tab. II² i. Grdb. Bl. . . .
2. Nachr. Eigent.
3. „ Civilk. II.
4. „ Berecht.
5. Anl. a. a.
6. Kosten vom Berecht.

c) Eintragungen auf Parteiantrag.

Das Gericht kann die Eintragung der Vormerkung (s. S. 45) auch der Partei überlassen. Dann hat diese mit einem (formlosen) Antrage auf Eintragung die einstw. Verf. in Ausfertigung einzureichen. Ein Gleiches gilt, wenn die Eintragung durch Urteil angeordnet ist; in diesem Falle ist die Zustellung nachzuweisen und wenn das Urteil nur gegen Sicherheitsleistung vollstreckbar ist, der § 751 Abs. 2 C.P.O. zu beachten. Außer dieser Eintragung ohne Mitwirkung des Eigentümers kennt das B.G.B. auch die Eintragung einer Vormerkung auf Grund der Bewilligung desjenigen, dessen Grundstück (oder dessen Recht) von der Eintragung betroffen wird (§ 885 B.G.B.), mit anderen Worten:

Die Eintragung einer Vormerkung, namentlich des Rechtes auf Auflassung, erfolgt oft auf Grund der Eintragungsbewilligung des Eigentümers. Da eine bedingte oder betagte Auflassung nicht zulässig ist, bietet diese Vermerkung einen bequemen Weg, um die Interessen der Beteiligten zu sichern, des Käufers, indem für ihn das Recht auf Auflassung, des Vorkäufers, indem für ihn das Recht auf Rückauflassung bei gleichzeitiger Eintragung des Erwerbers vorgemerkt wird, in beiden Fällen unter Festsetzung der Bedingungen in einem den Vorschriften des § 313 B.G.B. entsprechenden Vertrage, was unumgänglich nötig ist. Was man nicht definitiv eintragen kann, kann man auch nicht durch Vormerkung sichern. Da eine Auflassung nicht bedingt oder betagt sein kann, kann man auch keine bedingte Vormerkung eintragen. Hiervon ist aber der Fall verschieden, wo das Recht auf Auflassung nur bis zu einem bestimmten Termine zugestanden ist. Dies ist als zulässig anzusehen.

Eine Einigung ist nicht erforderlich. Der Eigentümer kann die Eintragung einseitig vornehmen. Es genügt eine beglaubigte Eintragsbewilligung.

Eintragungsformel a.

Nr. 1 u. 2. Lfde. Nr. 1: Vormerkung zur Erhaltung des Rechtes auf Auflassung. Eingetragen unter Bezugnahme auf die Bewilligung vom ... am ... für Fritz Schulze, Rentner zu Cöln.

oder

Dem Rentner Fritz Schulze zu Cöln steht bis zum 1. Januar 1906 das Recht auf Auflassung zu. Vorgemerkt unter Bezugnahme auf die Bewilligung vom ... am ...

V.

1. Einzutr. ex tab. II[1] i. Grdb. Bl. ...
2. Nachr. Eigent.
3. „ Schulze.
4. Antr. a. a.
5. Kosten von ...

Eintragungsformel b.

Vormerkung zur Erhaltung des Rechtes auf Auflassung. Eingetragen unter Bezugnahme auf die einstweilige Verfügung (auf das Urteil) des Landgerichts Cöln II. Civilkammer vom ... für Fritz Schulze, Rentner zu Cöln am ...

V.

1. Einzutr. ex tab. II[1] i. Grdb. Bl. ...
2. Nachr. Eigent.
3. „ Berecht.
4. Begl. Abschr. des Urteils a. a. (oder „Die einstw. V. a. a.“).

5. Das Urteil an Schulze, Quittung.
6. Kosten von ...

C. Veränderungen eingetragener Rechte.

Ein eingetragenes Recht kann in der Regel seinem Inhalte nach durch den Willen der Beteiligten geändert werden. Es bedarf dazu der Einigung und der Eintragung im Grundbuche.

Eintragungsformel: Spalte Veränderungen zu lfd. Nr. 1.
Das Nießbrauchsrecht ist eingeschränkt worden in Gemäßheit des notariellen Aktes vom 4. Mai 1904. Unter Bezugnahme auf die Bewilligung vom selben Tage eingetragen am ...

V.

1. Einzutr. ex tab. II¹ Sp. V. i. Grdb. Bl. ..
2. Nachr. Eigent.
3. „ Berecht.
4. ... Abschr. a. a.
5. Kosten vom ...

Eine Veränderung kann auch dadurch eintreten, daß das Recht — soweit dies gesetzlich zulässig ist oder nicht Parteiabrede im Wege steht — abgetreten wird. Die Abtretungserklärung muß dem § 29 G.B.O. entsprechen.

Eintragungsformel:
lfde. Nr. 1 Sp. V.: Abgetreten an den Landwirt Franz Rüstig in Brühl. Eingetragen am ...

V.

1. Einzutr. ex tab. II¹ Sp. V. i. Grdb. Bl. ...
2. Nachr. Eigent.
3. „ Berecht.
4. „ bisher. Berecht.
5. Antrag a. a.
6. Kosten vom ...

Ein eingetragenes Recht kann im Hinblick auf seinen Rang eine Änderung erleiden, wenn der Berechtigte einem anderen in Abt. II eingetragenen oder zur Eintragung gelangenden Rechte oder einer in Abt. III eingetragenen oder einzutragenden Post den Vorrang einräumt. Erforderlich ist die Einigung des zurücktretenden und des vortretenden Berechtigten und die Eintragung der Änderung im Grundbuche. Ist das Recht mit dem Rechte eines Dritten belastet (verpfändet usw.), so muß auch der dritte zustimmen. Die Mitwirkung des Eigentümers ist nicht erforderlich (§ 880 B.G.B.).

Eintragungsformel:

lfde. Nr. 1 Sp. V.: Der unter lfder. Nr. 3 Abt. III eingetragenen Grundschuld ist der Vorrang eingeräumt. Eingetragen am ...

In Abt. III zu Nr. 3 Sp. V. ist einzutragen:

3. — 10000 Mk. Dieser Post ist der Vorrang vor dem in Abt. II Nr. 1 eingetragenen Rechte eingeräumt. Eingetragen am ...

V.

1. Einzutr. ex tab. II^1 u. III^3 Sp. V. i. Grdb. Bl. ...
2. Nachr. Eigent.
3. „ Berecht.
4. „ Gläub. III^3.
5. Grundschuldbr. m. Vermerk versehen, an Gläub. III^3, Quittg. (wenn auswärts „Einschreiben")
6. Antr. a. a.
7. Kosten von ...

Der Vermerk zu III^3 muß auch dann erfolgen, wenn über die Eintragung kein Brief besteht. — Soll einem Rechte derselben Abt. der Vorrang eingeräumt werden, so schreibt man zu

lfder. Nr. 1: Dem unter Nr. 3 eingetragenen Altenteilsrechte ist der Vorrang eingeräumt. Eingetragen am ...

und bei Nr. 3: Dieses Recht hat Rang vor lfder. Nr. 1. Eingetragen am ...

V.

1. Einzutr. ex tab. $II^{1 \text{ u. } 3}$ Sp. V. i. Grdb. Bl. ...
2. Nachr. Eigent.
3. „ beiden Berecht.
4. Antr. a. a.
5. Kosten von ...

D. Die Löschung der Eintragungen.

Die Aufhebung eines Rechtes an einem Grundstücke erfolgt, soweit nichts anderes gesetzlich vorgeschrieben ist, durch die Erklärung des Berechtigten, daß er das Recht aufgebe und durch Löschung des Rechtes im Grundbuche. Die Erklärung ist dem Grundbuchamte gegenüber (was nicht gleichbedeutend ist mit „vor dem Grundbuchamte", auch die Einreichung beim Grundbuchamte genügt) oder demjenigen gegenüber abzugeben, zu dessen Gunsten sie erfolgt (§ 875 B.G.B.), sie ist also eine empfangsbedürftige Willenserklärung; Erklärungsempfänger ist das Grundbuchamt oder der Begünstigte (Fuchs S. 76). Der § 875 betrifft, wie der Wortlaut ergibt, die rechtsgeschäftliche Aufhebung eines Rechtes. Daneben gibt es eine Löschung auf Antrag einer zuständigen Behörde und auch eine einseitige Löschung auf Antrag des Eigentümers ohne Mitwirkung des Berechtigten. Allen Arten ist gemeinsam, daß der Vermerk in der Spalte Löschungen lautet:

Gelöscht am ...

und daß die Verfügungen nur bezüglich der zu benachrichtigenden Personen verschieden sind. Das Aufgeben des Rechtes, das auch in der Form einer Löschungsbewilligung erklärt werden kann, muß dem Richter in der Form des § 29 G.B.O. nachgewiesen werden. Ist das Recht mit dem Rechte eines Dritten belastet, so muß dieser mitwirken oder sich nachträglich anschließen, wobei ebenfalls der § 29 zu beachten bleibt. Die Erklärung des Berechtigten wird durch eine ihn verurteilende rechtskräftige Entscheidung ersetzt.

Im einzelnen:

1. Bei Nießbrauch, Altenteil und Leibrente, die auf die Lebenszeit des Berechtigten beschränkt sind, darf nach dem Tode desselben, falls Rückstände von Leistungen nicht ausgeschlossen sind, die Löschung nur mit Bewilligung des Rechtsnachfolgers geschehen, wenn die Löschung innerhalb eines Jahres nach dem Tode des Berechtigten erfolgen soll oder wenn der Rechtsnachfolger der Löschung widersprochen hat (der Widerspruch ist von Amts wegen einzutragen). Der Bewilligung des Nachfolgers bedarf es nicht, wenn eingetragen steht, daß der Nachweis des Todes zur Löschung genügen soll (§ 23 G.B.O.).

   Danach ist stets der Tod des Berechtigten nachzuweisen, was nicht nur durch Vorlegung der Sterbeurkunde, sondern auch des Erbscheines oder des eröffneten Testamentes usw. geschehen kann. Die Löschung auf einseitigen Antrag des Eigentümers ist danach sofort zulässig, wenn begriffsgemäß von Rückständen keine Rede sein kann, wie bei den beschränkten persönlichen Dienstbarkeiten, dem Vorkaufsrechte, das nicht dem jeweiligen Eigentümer zusteht und bei den oben genannten Rechten, wenn die Löschungsbefugnis im Grundbuche eingetragen ist. — Ist das Jahr abgelaufen, so kann ebenfalls auf einseitigen Antrag gelöscht werden; ist aber inzwischen ein Widerspruch für den Rechtsnachfolger eingetragen, so muß letzterer zustimmen oder auf Löschungsbewilligung resp. Beseitigung des Widerspruches verklagt werden.

2. Ist ein Recht eingetragen, das mit Erreichung eines bestimmten Lebensalters des Berechtigten oder mit Eintritt eines bestimmten Zeitpunktes oder Ereignisses erlischt, so gelten die gleichen Grundsätze wie unter 1, s. § 24 G.B.O. Ist also z. B. ein=

getragen, daß ein Auflassungsrecht bis zum 1. Januar 1905 eingeräumt ist, so kann der Eigentümer einseitig am 2. Januar 1905 die Löschung beantragen. Ist ein Recht bis zur Großjährigkeit des am 1. April 1885 geborenen Berechtigten eingeräumt, so kann es am 4. April 1906 auf Antrag des Eigentümers gelöscht werden, falls keine Rückstände vorhanden sein können, andernfalls muß bis 1. April 1907 gewartet werden oder der Berechtigte der Löschung zustimmen. Soweit die Voraussetzung des Wegfalles des Rechtes nicht klar zutage liegt, z. B. durch einfache Berechnung, muß dieselbe durch öffentliche Urkunden nachgewiesen werden, z. B. durch Beibringung der Heiratsurkunde, wenn das Recht mit der Verheiratung erlöschen soll.

V.

1. Zu lösch. ex tab. II[1] i. Grdb. Bl. . . .
2. Nachr. Eigent.
3. „ Berecht. (oder Rechtsnachfolger)
4. Antr. a. a. (Sterbeurkunde a. a.)
5. Kosten vom . . .

3. Der **Konkursvermerk** wird auf Ersuchen des **Konkursgerichts** nach Einstellung oder Beendigung des Verfahrens gelöscht. Aber auch der **Gemeinschuldner** kann die Löschung beantragen, wenn er den rechtskräftigen Einstellungs- oder Aufhebungsbeschluß vorlegt oder auf die Konkursakten Bezug nimmt.

V.

1. Zu lösch. ex tab. II[1] i. Grdb. Bl. . . .
2. Nachr. Konkursgericht
3. „ Eigent.
4. Kosten von . . .

4. Der **Zwangsverwaltungs- und Versteigerungsvermerk** wird auf Antrag des betr. Gerichts gelöscht. Die Vermerke werden oft schon vor dem Versteigerungstermine gelöscht, meistens aber erst bei Eintragung des Erstehers.

V.

1. Zu lösch. ex tab. II[1.2] i. Grdb. Bl. . . .
2. Nachr. Abteilung . . .
3. „ Ersteher (oder bei Löschung vor dem Versteigerungstermin „Eigent.").

5. Der **Enteignungsvermerk** wird auf Ersuchen der Enteignungsbehörde gelöscht. Ist die Enteignung **vollzogen**, so ist gleichzeitig mit der Eintragung des Eigentumsüberganges der Enteignungsvermerk **von Amts wegen** zu löschen (§ 24 Abs. 4 Ent.Ges.).

B.

1. Zu lösch. ex tab. II¹ i. Grdb. Bl. . . .
2. Nachr. Erwerber
3. „ Bezirksaussch.
4. Kosten außer Ansatz.

Wenn gleichzeitig der Eigentumsübergang einzutragen ist, erweitert sich die Verfügung entsprechend (s. S. 26).

III. Die Eintragungen in Abteilung III.

Erster Abschnitt.

Allgemeines.

1. Man unterscheidet Hypothek, Grundschuld und Rentenschuld. Ist ein Hypotheken- (oder Grundschuld-)brief gebildet, so spricht man von einer Briefhypothek, sonst von einer Buchhypothek. Die Sicherungshypothek ist stets eine Buchhypothek.

2. Wenn die Erteilung des Briefes nicht ausdrücklich ausgeschlossen ist, wird ein Brief gebildet.

3. Wenn im Antrage nichts anderes gesagt ist, ist der Brief dem Eigentümer auszuhändigen. Der Notar ist nur dann zum Empfange berechtigt, wenn dies im Akt ausgedrückt ist. Da die Briefhypothek für den Gläubiger erst mit dem Empfange des Briefes entsteht, sei man ja recht vorsichtig und verabfolge den Brief nur an den nach Parteiantrag oder nach Gesetz Berechtigten.

4. Ist ein Brief gebildet, so muß er bei allen Eintragungen, die bei der Post erfolgen sollen, dem Grundbuchamte vorgelegt werden (Ausnahmen s. §42 Satz 2 G.B.O.). Bei den seit 1900 eingetragenen Posten ist sofort zu ersehen, ob ein Brief gebildet ist oder nicht. Die größte Vorsicht ist aber bei älteren Hypotheken erforderlich. Man sieht, wenn keine Notiz in der Tabelle auf den Brief hinweist, zunächst nach, ob die Post bei Anlegung des Grundbuches eingetragen ist. Im rheinischen Rechtsgebiete ist dann in der Regel kein Brief vorhanden, sondern nur eine Hypothekenurkunde des alten Rechts, deren Vorlegung nicht erforderlich ist, aber volle Garantie bietet nur die genaueste Prüfung. Ist es zweifelhaft, ob ein Brief gebildet ist, so weisen übrigens noch Zessions- und Vorrangseinräumungsvermerke darauf hin; denn vor 1900 mußte dann ein Brief gebildet werden. Schließlich ist auch aus den

Grundakten unter dem Zeitpunkte der betr. Eintragung die Existenz eines Briefes zu ermitteln. Denn der Entwurf des Briefes muß bei den Akten sein.

5. Die über alte Kautionshypotheken gebildeten Briefe gelten nicht als Briefe des neuen Rechtes; sie brauchen daher bei Löschungen oder Veränderungen, die bei der Post zur Eintragung kommen sollen, nicht vorgelegt zu werden.

6. Die Briefhypothek kann in eine Buchhypothek verwandelt werden — dann ist der Brief zu den Akten einzureichen, bei denen er nach zuvoriger Unbrauchbarmachung bleibt. Eine Buchhypothek kann Briefhypothek werden; dann ist ein Brief zu bilden. In beiden Fällen ist ein Vermerk im Grundbuche erforderlich.

7. Die Belastung eines ziffernmäßig eingetragenen Bruchteils des Grundstückes ist zulässig.

8. Das zu belastende Grundstück muß in dem Eintragungsantrage übereinstimmend mit dem Grundbuche bezeichnet werden. Ist dieselbe Post auf mehreren Grundstücken einzutragen, so redet man von einer Gesamthypothek (Korrealpost).

9. Eine Hypothek kann in eine Grundschuld verwandelt werden und umgekehrt; es kann auch ein anderes Rechtsverhältnis zugrunde gelegt werden, so daß z. B. eine für einen Kaufpreis eingetragene Hypothek fortan für ein Darleben haftet.

10. Eine Hypothek kann nicht für die Firma eines Einzelkaufmanns eingetragen werden, sondern nur auf dessen Familiennamen. Übrigens hat der Richter die Existenz des Gläubigers bei der Eintragung nicht zu prüfen. Eine Eintragung für die Firma Müller & Schulze erfolgt ohne Prüfung der Rechtsverhältnisse der Firma, aber bei Löschungen, Veränderungen usw. ist die Berechtigung zur Verfügung über das Recht nach dem Handelsregister zu prüfen. Die Eintragung ist aber abzulehnen, wenn ein Nichtrechtsfähiger, insbesondere ein Verstorbener, als Gläubiger eingetragen werden soll oder wenn bei einer juristischen Person die gewählte Bezeichnung Zweifel über die Rechtsfähigkeit entstehen läßt. Sollen Erben als Gläubiger eingetragen werden, so sind die Namen der Erben einzeln einzutragen, können diese aber noch nicht festgestellt werden, so kann die Eintragung „für die Erben des N. N." lauten (R. 6 S. 474). Auch die Eintragung einer Hypothek für eine Nachlaßmasse hat das K.G. für zulässig erachtet.

11. Die Hypotheken entstehen entweder mit dem Willen des Eigentümers oder gegen seinen Willen (Zwangshypotheken). Zur Entstehung bedarf es bei der freiwilligen Hypothek der Einigung der Beteiligten und der Eintragung im Grundbuche. Bei der Briefhypothek erwirbt der Gläubiger die Hypothek erst mit der Übergabe des Briefes.

durch den Eigentümer. Die Befugnis, das Grundstück zu belasten, hat der eingetragene oder seine Eintragung gleichzeitig erlangende Eigentümer. Die Erfordernisse der Eintragungsbewilligung enthält § 1115 B.G.B.

12. Bei der Eintragung ist es zulässig, auf die Bewilligung Bezug zu nehmen, bei der Unterwerfung unter die sofortige Zwangsvollstreckung (§ 800 C.P.O.) ist aber eine Bezugnahme nicht statthaft. Diese Unterwerfungsklausel ist unzulässig bei Maximalsicherungshypotheken (§ 1190 B.G.B.), weil die „bestimmte Geldsumme" fehlt (§ 794 Nr. 5 C.P.O.).

Nach Art. 32 A.G. z. B.G.B. kann das Kündigungsrecht des Eigentümers nur soweit ausgeschlossen werden, daß er nach 20 Jahren mit sechsmonatiger Frist kündigen kann. Eine Hypothek, die beiderseits unkündbar, also nicht realisierbar ist, ist nicht eintragungsfähig (R. 2 S. 9).

13. Man beachte die Entsch. des Kammergerichts (R. 7 S. 198)! Danach muß der Brief über eine nur auf einem Miteigentumsanteile ruhende Post die unter einer früheren Nr. eingetragenen, nur den anderen Anteil belastenden Posten als im Range vorgehend aufführen.

Zweiter Abschnitt.

Die verschiedenen Arten der freiwilligen Hypothek.

a) Die gewöhnliche Briefhypothek.

Wir geben hier und **in den folgenden zwei Beispielen** von einer auf Grund eines notariellen Aktes in Abt. III als Nr. 1 einzutragenden Hypothek für ein Darlehen von 1000 Mk. mit 4% Zinsen seit 1. Januar 1904, halbjährig kündbar mit Unterwerfung unter die sofortige Zw.V. aus.

Eintragungsformel:

1000 Mk. — „Eintausend Mark Darlehen[1]) mit vier Prozent Zinsen fürs Jahr. Die sofortige Zwangsvollstreckung ist gegen den jeweiligen Eigentümer zulässig. Unter Bezugnahme auf die Eintragungsbewilligung vom 2. Januar 1904 für den Rentner Wilhelm Müller in Cöln eingetragen am 5. Januar 1904."

Man kann die Formel noch kürzer fassen, indem man so schreibt:

> „Eintausend Mark Darlehn mit vier Prozent Jahreszinsen, sofort vollstreckbar gegen den jeweiligen Eigentümer. Unter Bezugnahme usw." (Über die Fassung des Zwangsvollstreckungsvermerkes s. R. 7 S. 354.)

Ist eine Erhöhung der Zinsen unter gewissen Voraussetzungen

---

[1]) Der Schuldgrund braucht nicht angegeben zu werden, es ist aber zweckmäßig, den alten Brauch beizubehalten.

(Verzug über 4 Wochen usw.) vorausgesehen, so schreibt man „mit 4 eventuell 4½ Prozent usw."

V.

1. Einzutr. ex tab. III[1] i. Grdb. Bl. . . .
2. Die Abschr. a. a.
3. Hbrief. bilden, an Notar, Quittg.
4. Nachr. Eigent.
5. „ Gläub.
6. Kosten v. Eigent.

b) Die gewöhnliche Buchhypothek.

Eintragungsformel:

1000 Mk. — Eintausend Mark Darlehn mit vier (eventuell 4½) Prozent Jahreszinsen, sofort vollstreckbar gegen den jeweiligen Eigentümer. Unter Bezugnahme auf die Bewilligung vom 2. Januar 1904 ohne Hypothekenbrief für den Rentner Wilhelm Müller in Cöln eingetragen am 6. Januar 1904.

V.

1. Einzutr. ex tab. III[1] i. Grdb. Bl. . . .
2. Die Abschr. a. a.
3. Akt. an Notar, Quittg.
4. Nachr. Eigent.
5. „ Gläub.
6. Kosten v. Eigent. u. eventl. 7. Nachr. an Notar.

c) Die Sicherungshypothek.

Eintragungsformel:

1000 Mk. Sicherungshypothek für eine mit vier Prozent fürs Jahr verzinsliche Darlehnsforderung von Eintausend Mark, sofort vollstreckbar gegen den jeweiligen Eigentümer. Unter Bezugnahme auf die Bewilligung vom 2. eingetragen am 4. Januar 1904 für den Rentner Fritz Müller zu Cöln.

V.

wie zu b.

d) Maximalhypothek

[für alle Forderungen aus dem Geschäftsverkehr mit dem Eigentümer bis zur Höhe von 10000 Mk.].

Eintragungsformel:

Sicherungshypothek bis zum Höchstbetrage (oder entsprechend der häufigen Wendung in den Anträgen, aber völlig gleichbedeutend „bis zur Höhe von") von Zehntausend Mark. Unter Bezugnahme auf die

Bewilligung vom 2. eingetragen am 4. Januar 1904 für das Bankhaus „Müller & Schulze", offene Handelsgesellschaft zu Cöln.

V.

wie zu b.

e) **Sicherungshypothek nach §§ 1187 ff. B.G.B.** (§ 511 G.B.O.).

Eintragungsformel:

Sicherungshypothek in Höhe von einer Million Mark nebst vier Prozent Jahreszinsen, bestellt von der Aktiengesellschaft X.burg zu Cöln für 1000 Stück mit vier Prozent fürs Jahr verzinslicher Schuldverschreibungen auf den Inhaber über je 1000 Mark, welche die Bezeichnung „X.burger vierprozentige Prioritätsanleihe" führen. Die ministerielle Genehmigung ist am 3. Januar 1904 erteilt. Als Treuhänder ist der Justizrat Rechtsanwalt Z. in Cöln bestellt. Unter Bezugnahme auf die Eintragungsbewilligung vom 10. eingetragen am 12. Februar 1904.

V.

1. Einzutr. ex tab. III[1] i. Grdb. Bl. . . .
2. Nachr. Eigent. Kosten.
3. „ Treuhänder.
4. Die Abschr. a. a.
5. Begl. Abschr. der minist. Genehmgg. a. a.

f) **Darlehnshypothek mit Amortisation.**

Die Bestimmungen über die Tilgung eines Darlehns durch Zuschläge zu den Zinsen sind Rückzahlungsbedingungen. Die Tilgungszuschläge sind keine Nebenleistungen, sondern Kapitalabtragungen, ihre Aufnahme in den Eintragungsvermerk ist nicht erforderlich.

Eintragungsformel:

Zehntausend Mark Darlehn mit vier eventl. $4^1/_2$ Prozent Jahreszinsen, Kapitalrückstände mit fünf Prozent Zinsen, sofort vollstreckbar gegen den jeweiligen Eigentümer. Unter Bezugnahme auf die Bewilligung vom 4. März 1904 für die . . . Hypothekenbank in . . . eingetragen am . . .

V.

wie zu a.

g) **Hypothek mit Nebenleistungen** (§ 1115[2] B.G.B.).

Es sind z. B. nach den genehmigten und gehörig veröffentlichten Satzungen Zinseszinsen von über 8 Tage rückständigen Zinsen zu zahlen $^1/_{10}$ Prozent Verwaltungskostenbeitrag und ein Prozent Vertragsstrafe, wenn das Kapital vor Ablauf von 10 Jahren zur Rückzahlung gelangt. Die Bezugnahme auf die Satzungen muß in der Eintragungsbewilligung enthalten sein.

Eintragungsformel:

Zehntausend Mark Darlehn der Landschaftlichen Kreditanstalt zu N., verzinslich mit vier Prozent fürs Jahr. Wegen der Nebenleistungen wird auf § 11 des genehmigten Statuts der Gläubigerin vom 20. Mai 1900 Bezug genommen. Die sofortige Zwangsvollstreckung ist gegen den jeweiligen Eigentümer zulässig. Unter Bezugnahme auf die Bewilligung vom 10. eingetragen am 17. Januar 1904.

Man beachte: Nebenleistungen, die nicht den Satzungen entsprechend zur Eintragung bewilligt sind, werden durch die Bezugnahme auf sie nicht gedeckt. Zinseszinsen sind nur unter Angabe des Geldbetrages oder nur als Sicherungshypothek eintragbar (Turnau-Förster I S. 605), andere Nebenleistungen ebenfalls nur, wenn sie in Geld festgesetzt sind (§ 1115[1]).

B.

wie zu a.

h) **Die Gesamthypothek.**

Die Gesamthypothek kann von Anfang an als solche begründet werden, indem die Eintragung der Hypothek auf mehreren Grundstücken beantragt wird. Wird die Hypothek, die auf einem Grundstücke lastet, nachträglich noch auf ein ferneres Grundstück gelegt, so entsteht ebenfalls eine Gesamthypothek, ferner auch, wenn ein Teil eines belasteten Grundstückes mit der Hypothek (zur Mithaft) auf ein anderes Blatt übertragen wird. Die einzelnen belasteten Grundstücke brauchen nicht notwendig auf verschiedenen Blättern zu stehen; auch die Hypothek, welche auf mehreren selbständigen auf demselben Grundbuchblatte stehenden Grundstücken ruht, ist eine Gesamthypothek. Auf jedem Blatte ist die Mithaft der anderen zu vermerken. Die Gesamthypothek kann nicht auf dem einen Blatte als Sicherheits-, auf dem anderen als gewöhnliche Hypothek eingetragen werden, auch muß auf jedem Blatte ein gleich hoher Betrag zur Eintragung kommen. Wenn — wie so oft — eine Summe so geteilt wird, daß auf dem einen Blatte z. B. 5000, auf dem anderen 10000 Mk. lasten sollen, so ist dies niemals eine Gesamthypothek, und es ist nicht, wie für diese, ein Brief auszufertigen, vielmehr sind deren zwei zu bilden und dem einen Akte vorzuhaften, falls nicht zwei gesonderte Briefe beantragt sind. — Wir nehmen an, daß 1000 Mk. auf Bd. 1 Blatt 10 und auf Bd. 2 Bl. 45 einzutragen sind und zwar dort auf Parzelle 1 Flur 1, hier auf Parzelle $\frac{30}{2}$ Flur 7, beide lfd. Nr. 1 des Bestandsverzeichnisses.

Eintragungsformel:

Lfd. Nr. 1. Eintausend Mark mit vier Prozent fürs Jahr verzinsliches Darlehn des Rentners Otto Müller zu Cöln, sofort vollstreckbar gegen den jeweiligen Eigentümer. Unter Bezugnahme auf die Bewilligung vom 30. Dezember 1903 auf Parzelle 1 Flur 1 Bd. 1 Bl. 10 und auf Parzelle $\frac{30}{2}$ Flur 7 Bd. 2 Bl. 45 des Grundbuches von Cöln eingetragen am 10. Januar 1904.

[Bei dem alten Formular I, wenn alle Parzellen der beiden Blätter verpfändet sind „auf Blatt 10 Bd. I und Bd. 2 Bl. 45 des Grundbuches von Cöln" usw., und wenn auf letzterem oder ersterem Blatte nur eine oder einige Parzellen belastet sind, entsprechend der obigen Formel, also „auf Bd. I Bl. 10 und auf Parzelle $^{30}/_{2}$ Flur 7 Bd. 2 Bl. 45" usw.]

Man schreibt so richtiger, als wenn man „hier und Blatt usw. eingetragen" schreibt, denn nur so wie oben vorgeschlagen, läßt sich der Wortlaut zwanglos für beide Eintragungen und den Gesamtbrief verwenden. Verfährt man anders, so steht auf Blatt 10 „eingetragen hier und Blatt 45", auf Blatt 45 aber, „hier und Blatt 10"; der Wortlaut ist also verschieden, und das widerspricht dem Charakter der Gesamthypothek.

V.

1. Einzutr. ex tab. III[1] Bl. 10 i. Grdb.
2. Ins. dasselbe Bl. 45 III[1] i. Grdb.
3. Gesamtbrief bilden, an Notar, Quittg.
4. Nachr. Eigent. Kosten.
5. „ Gläub.
6. Die Abschr. a. a.

Bei dem obigen Beispiele liegen die Grundstücke im Bezirke desselben Grundbuchamtes. Es kommt aber auch öfter vor, daß eines derselben in einem fremden Bezirke liegt. Dann sind zwei Fälle denkbar: Der Antragsteller wendet sich zunächst an das fremde Amt. Dann hat dieses die Eintragung vorzunehmen und einen Hypothekenbrief (keinen Gesamtbrief! § 59[2] G.B.O.) zu bilden und diesen dem Antragsteller zurückzugeben, der dann bei dem anderen Amte den Antrag auf Eintragung in dessen Büchern stellen muß. Hat er aber bei der ersten Einreichung beantragt, die Sache an das ferner beteiligte Grundbuchamt weiterzugeben, so muß der Brief von Amts wegen übersandt werden („einschreiben!") und zwar mit einem Begleitschreiben, in welchem um Erledigung und Benachrichtigung ersucht wird.

Beispiel: Auf Bl. 10 Bd. I des Grundbuches von Bonn ist eine Hypothek von 1000 Mk. nebst 4% Jahreszinsen eingetragen und zwar in folgender Fassung:

lfd. Nr. 7. Eintausend Mark Darlehn des Rentners Fritz Müller zu Cöln mit vier Prozent Jahreszinsen, sofort usw. Eingetragen unter Bezugnahme auf die Bewilligung vom 4. am 7. Januar 1904.

Nun kommt der Brief nebst Antrag an das Grundbuchamt Cöln. Dieses trägt in Abt. III lfd. Nr. 6 ein:

> Eintausend Mark usw. (w. o.). Die Post ist auch im Grundbuche von Bonn Band I Blatt 10 Abt. III Nr. 7 eingetragen. Unter Bezugnahme auf die Bewilligung vom ... eingetragen ...

Wären in Cöln mehrere Grundbuchabteilungen beteiligt, so hätte die zunächst ersuchte Abteilung die Post als Gesamthypothek auf den Cölner Blättern einzutragen und einen Gesamtbrief zu bilden, der dem Bonner Briefe vorzuheften und nur von den Beamten der ersuchten Abteilung zu unterschreiben wäre (§ 38 V. v. 20. 11. 99). Die Eintragung würde dann so lauten.

lfd. Nr. 6. Eintausend Mark usw. (w. o.). Die Post ist auch im Grundbuche von Bonn Band I Blatt 10 Abt. III Nr. 7 eingetragen. Unter Bezugnahme auf die Bewilligung vom ... auf Band I Bl. 38, Band 400 Bl. 15980 und Bd. 400 Bl. 15981 des Grundbuches von Cöln eingetragen am ...

Ist der Brief gebildet (sei es nun nach Lage der Sache ein Gesamtbrief oder ein gewöhnlicher Brief, der ebenso wie jener vorzuheften ist), so geben die Briefe mit Begleitschreiben eingeschrieben an das Amtsgericht Bonn. Dieses schreibt in Abt. III zu Nr. 7 in Spalte Veränderungen:

> Die Post ist auch eingetragen im Grundbuche von Cöln Band ... Bl. ... Eingetragen am ...

Das Grundbuchamt Bonn setzt diesen Vermerk auch auf seinen Hypothekenbrief und nun ist die Sache erledigt.

Die andere Möglichkeit ist die, daß der Antragsteller sich zunächst an unser Grundbuchamt wendet. Dann haben wir so zu verfahren, wie wie im obigen Beispiele für das Amt Bonn angegeben ist.

V. (für das Amt Bonn).

1. Einzutr. ex tab. III[7] Bl. 10 i. Grdb.
2. Brief bilden!
3. Die Abschr. a. a.
4. Brief mit Ersuch.schreib. an A.G. Cöln IV[7], Einschreiben!
5. Repr. nach zwei Wochen event.

Und nach Rückkunft des Briefes:

V.

1. Einzutr. ex tab. III[7] Sp. V. i. Grdb. Bl. 10.
2. Vermerk auf H.Brief III[7]
3. Nachr. Eigent.
4. " Gläub.
5. " A.G. Cöln IV[7]
6. Briefe an Notar, ... Quittg.
7. Kosten v. Eigent.

Das ferner beteiligte Amt (Cöln) verfügt:

V.

1. Einzutr. ex tab. III⁶ Bl. ... i. Grdb.

(oder bei Gesamthypothek:

1. Einzutr. ex tab^is Bl. 38 III⁶, 15980 u. 15981 III⁷ i. Grdb.)
2. Brief (resp. Gesamtbrief) bilden, vorheften!
3. Begl. Abschrift des Aktes a. a.
4. Briefe mit Schreib. an A.G. Bonn (einschreiben!).
5. Nachr. Eigent.
6. „ Gläub.
7. Kosten in Bonn zu erheben.

Wenn eine **Sicherungs-** oder **Buchhypothek** als Gesamthypothek eingetragen werden soll, so ändert sich das Verfahren in folgender Weise. Das erste Amt trägt ein und sendet dem zweiten eine beglaubigte Abschrift des Eintragungsvermerkes mit dem Ersuchen um Eintragung aus dem beigefügten Akte. Das zweite Amt nimmt dann die Eintragung (s. o.) vor und teilt dem ersten Amte die Band- und Blattnummer und die lfde. Nr. derselben mit. Dann macht das erste Amt den entsprechenden Vermerk in der Spalte Veränderungen und benachrichtigt die Beteiligten. Das zweite Amt händigt den Akt dem zum Empfange Berechtigten gegen Quittung und Zahlung der Kosten aus; auch es muß die Beteiligten benachrichtigen.

Wird eine Hypothek erst **nach** ihrer Eintragung Gesamthypothek, — durch Belastung noch anderer Grundstücke — so ist neben der Post in Abt. III Spalte Veränderungen zu vermerken:

> Für diese Hypothek haftet auch die Parzelle 10 Flur 7 Band 3 Blatt 95 des Grundbuches von Cöln. Eingetragen am ...

(s. u. S. 74 Nr. 2).

Dann wird derselbe Vermerk unter den Hypothekenbrief gesetzt; ein neuer Brief — der dann aber als Gesamtbrief gebildet wird — ist nur auf Antrag des Eigentümers und des Gläubigers auszufertigen, der alte kassiert zu den Akten zu nehmen. Liegen die nachträglich verpfändeten Grundstücke in verschiedenen Amtsbezirken, so ist entsprechend dem oben Ausgeführten zu verfahren; ebenso auch, wenn es sich statt um eine Brief-, um eine Buch- oder Sicherungshypothek handelt.

i) Hypothek auf einem Anteile.

Wenn der in Bruchteilen bezeichnete Anteil belastet werden soll, so kann man entweder schreiben:

> Auf dem Anteil des Fritz Müller an der Parzelle 1 Flur 1 (lfde. Nr. 1 des Bestandsverzeichnisses [Titelbl. resp. Abt. I bei den alten Formularen]):

5. 1000 Mk. (i. B.) Darlehn usw.

oder:

5. Eintausend Mark Darlehn ... Eingetragen mit dem Bemerken, daß nur der Anteil des Fritz Müller belastet ist, am 5. Mai 1904.

V.

1. Einzutr. ex tab. III⁵ i. Grdb.
2. Die Abschr. a. a.
3. Nachr. Eigent. Kosten.
4. Brief bilden, an Notar, Quittg.
5. Nachr. Gläub.

k) **Die gemeinschaftliche Hypothek.**

Bei ihr sind mehrere Gläubiger vorhanden. § 48 G.B.O. ist maßgebend. Man schreibt also z. B. entweder: „Jeder Gläubiger ist zu einem Drittel beteiligt" oder „eingetragen für die Eheleute H. in übergeleiteter Fahrnisgemeinschaft", oder „für A., B. und C. in ungeteilter Erbgemeinschaft" und dgl. Es ist nicht zulässig, zu schreiben „A. und B. in Gemeinschaft zur gesamten Hand". Denn letztere ist ein Rechtsbegriff; es ist aber das Rechtsverhältnis anzugeben (Erb-, Gütergemeinschaft usw.). Wenn beantragt ist: Die Post von 12000 Mk. soll für A., B. und C. so eingetragen werden, daß A. 3000, B. 7000 und C. 2000 Mk. zustehen, so ist dies abzulehnen, weil im Widerspruche mit § 48 G.B.O. stehend. (Dagegen ist dem Antrage stattzugeben, wenn eine bereits eingetragene Post in dieser Weise geteilt werden soll, denn dann ist die Gemeinschaftlichkeit aufgehoben.) Die Eintragungsformel und die Verfügung bieten nichts Abweichendes (s. S. 54 ff.)

Dritter Abschnitt.

Die Zwangshypotheken.

Diese Eintragungen erfolgen gegen den Willen des Eigentümers und ohne seine Mitwirkung auf Antrag eines Berechtigten oder auf Ersuchen einer zuständigen Behörde. Dem (formlosen) Antrage des Gläubigers muß der zur Zwangsvollstreckung geeignete Titel beiliegen. Aus einem Zahlungsbefehl findet keine Eintragung statt, aus einem rechtskräftigen oder vorläufig vollstreckbaren Urteil (bei Vollstreckbarkeit gegen Sicherheitsleistung § 751² beachten!) nur, wenn die Hauptsumme mehr als 300 Mk. beträgt. Es wird nur eine Sicherungshypothek eingetragen. Die Urteilsausfertigung muß mit der Vollstreckungsklausel versehen sein; die Zustellung muß nachgewiesen werden. Bei landgerichtlichen Urteilen und Urteilen der höheren Instanzen hat der die Eintragung beantragende Anwalt seine Vollmacht vorzulegen, bei amtsgerichtlichen Urteilen ist dies nicht nötig (§ 88² C.P.O.). Die Eintragung kann auch auf Grund anderer vollstreckbarer Titel erfolgen, z. B. auf Grund der Urkunden des § 794 Nr. 1—3 u. 5 (§ 798 C.P.O. wegen der Zustellung zu beachten!) Auch aus diesen werden nur Sicherungshypotheken eingetragen. Die Sicherungshypothek wird als Maximalhypothek eingetragen (§ 932 C.P.O.), wenn der Eintragungsantrag sich auf einen Arrestbefehl stützt. Sollen mehrere Grundstücke belastet werden, so ist die Summe vom Gläubiger auf die verschiedenen Grundstücke zu verteilen. Die Zwangshypothek entsteht in allen Fällen mit der Eintragung. Die erfolgte Eintragung ist auf dem Schuldtitel zu vermerken. Über den Minimalbetrag „mehr als 300 Mk.“ sind viele Entscheidungen ergangen. Es steht fest, daß die Beträge mehrerer Schuldtitel nicht addiert werden dürfen; der einzelne muß auf mehr als 300 Mk. lauten. Auch die Zusammenrechnung der Urteilssumme und des im Kostenfestsetzungsbeschlusse enthaltenen Betrages ist unzulässig. Aus letzterem findet eine Eintragung auch nur statt, wenn er auf mehr als 300 Mk. lautet (a. M. das oberste Landesgericht München R. 3 S. 295. S. a. 293 u. Bd. 1 S. 6). Bei der Verteilung darf auf die einzelnen Grundstücken weniger als 300 Mk. entfallen (R. 3 S. 201). Man halte für alle Arten von Schuldtiteln daran fest, daß eine Eintragung nur erfolgen kann, wenn der einzelne Titel über mehr als 300 Mk. lautet (§§ 866 ff. C.P.O.) und wenn es sich um eine fällige Forderung handelt (R. 7. S. 223). Die Zwangshypothek ist ferner einzutragen auf Grund des Ersuchens einer zuständigen Behörde Hierher gehört das Ersuchen der Gerichtskasse, der Behörden, die mit dem Einziehen der der Beitreibung im Verwaltungszwangsverfahren unterliegenden Beträge betraut sind (§ 801 C.P.O., Art. 8 A.G. z. C.P.O. und Verord. vom 15. 11. 99), sowie des Subhastationsrichters (§§ 118, 128 Zw. Ges.). — Das Ersuchen muß den gesetzlichen Anforderungen entsprechen. Ferner gilt die Grenze „mehr als 300 Mk.“, und die Pflicht der Verteilung, wenn mehrere Grundstücke belastet werden sollen, auch hier.

Nach Prüfung des Titels auf seinen Inhalt, die Möglichkeit, daraus eintragen zu können, die Zustellung, Sicherheitsleistung usw. hat der Grundbuchrichter auch namentlich darauf zu achten, ob nach § 40 G.B.O. die Eintragung möglich ist. Ist derjenige, gegen welchen die Eintragung im Grundbuche erfolgen soll, nicht im Grundbuche eingetragen, so muß der Antrag abgewiesen werden und es dem Antragsteller überlassen bleiben, die geeigneten Schritte zu tun (§ 14 C.P.O. und § 792 C.P.O.). Sind mehrere Personen im Titel als Schuldner angegeben, so kann gegen einen von ihnen die Eintragung erfolgen, falls die Schuldner solidarisch haften. Aus einem gegen den Ehemann gerichteten Titel ist die Eintragung auf das Blatt des in Güter-, Errungenschafts- oder Fahrnisgemeinschaft stehenden Grundstückes statthaft (§ 740 C.P.O.). Steht es in fortgesetzter Gütergemeinschaft, so ist ein gegen den überlebenden Ehegatten lautender vollstreckbarer Titel erforderlich und ausreichend (§ 745^{1} C.P.O.). Auf den *Anteil* eines *Miteigentümers* kann die Eintragung erfolgen, wenn der Anteil nach Bruchteilen im Grundbuche bezeichnet ist. Auf den *Anteil* eines *Miterben* kann vor der Teilung der Erbschaft eine Zwangshypothek nicht eingetragen werden (R. 2 S. 27).

Die Zwangshypothek haftet kraft Gesetzes auch für die *Kosten der Eintragung*. Dazu gehören die Gebühren des Rechtsanwalts für den Eintragungsantrag. Auf Antrag sind diese Kosten vom *Grundbuchrichter* festzusetzen und miteinzutragen; jedoch müssen ihm die nötigen Unterlagen für die Kostenberechnung geliefert werden.

1. *Zwangshypothek aus einem Urteil.*

Eintragungsformel:

Nr. 4. Sicherungshypothek für vierhundert Mark Wechselschuld nebst sechs Prozent Zinsen und vier Mark Wechselunkosten. Auf Grund des Urteils des Landgerichts Cöln II. Kammer für Handelssachen vom 3. Mai 1904 eingetragen für den Bankier Karl Müller zu Cöln am 1. Juni 1904.

V.

1. Einzutr. ex tab. III^{4} i. Grdb. Bl. ...
2. Nachr. Eigent.
4. „ Gläub. Kosten.
4. Bescheing. auf Titel, an Gläub. Quittg.
5. Begl. Abschr. des Urteils a. a.

Wenn die Forderung *geteilt* auf mehreren Blättern eingetragen wird, ist *nicht* auf dem einen Blatte auf das andere zu verweisen. Auf jedem Blatte wird der Teil *selbständig* eingetragen. *Es entsteht keine Gesamthypothek*, denn es sind *verschiedene* Belastungen.

2. *Zwangshypothek aus einem Arrestbefehl.*

Der Arrestbefehl ist vorzulegen. Die Zustellung braucht nicht erfolgt zu sein (§ 929^{3} C.P.O.). Liegen zwischen dem Eingang des Eintragungsantrages — der nach § 932^{3} C.P.O. als Vollziehung des Arrestes gilt — und dem Tage, an dem der Arrestbefehl verkündet oder der betreibenden Partei zugestellt ist — mehr als *zwei* Wochen, so ist *der Antrag kostenfällig abzuweisen* (§ 929^{2} C.P.O.). Die Sicherungshypothek ist nach § 932^{1} und § 923 C.P.O. als *Maximalhypothek* einzutragen.

Eintragungsformel: Nr. 10.

Sicherungshypothek bis zum Höchstbetrage von dreitausend Mark. Für den Kaufmann Johann Meier zu Cöln, eingetragen am 15. Januar 1904 auf Grund des Arrestbefehls des Amtsgerichts Cöln Abt. III^{1} vom 14. Januar 1904.

V.

1. Einzutr. ex tab. III[10] i. Grdb. Bl. ...
2. Nachr. Eigent.
3. „ Gläub.
4. Arrestbefehl mit Vermerk
an Gläub., Quittg., Kosten!
5. Begl. Abschr. des Arrestb. a. a.

3. Zwangshypothek aus einem andern Titel.

Wenn eine Eintragung auf Grund eines vollstreckbaren Vergleiches, einer notariellen oder gerichtlichen Urkunde oder aus einem Kostenfestsetzungsbeschlusse usw. stattfinden soll, so hat man die Zustellung vorsichtig zu prüfen (s. § 798 C.P.O.), im übrigen aber entsprechend der Eintragung unter 1 zu verfahren.

4. Eintragung auf Grund des behördlichen Ersuchens.

Bei Gerichtskostenforderungen für die Gerichtskasse ist die Kostenrechnung der Schuldtitel, nicht etwa das Ersuchen der Kasse. Die einzelnen Positionen der Rechnung müssen zusammen (die Addition ist zulässig) mehr als 300 Mk. ausmachen; eine Zusammenrechnung mehrerer selbständiger Kostenrechnungen, um die Minimalsumme zu erreichen, ist unzulässig (R. 5 S. 459).

Dem Ersuchen der Steuerbehörden muß die vollstreckbar erklärte Hebeliste beigefügt sein.

Eintragungsformel: Nr. 6.

Sicherungshypothek für dreihundertdrei Mark Gerichtskostenforderung. Für die Königl. Gerichtskasse zu Cöln eingetragen am 31. Dezember 1904.

V.

1. Einzutr. ex tab. III[6] i. Grdb. Bl. ...
2. Nachr. Eigent.
3. „ Kasse. (Kostenfrei!)
4. Anl. a. a.

Eintragungsformel: Nr. 5.

Sicherungshypothek für vierhundert Mark rückständige Umsatz- (Grund-, Einkommens-, Gewerbe- usw.) steuer. Eingetragen für die Stadtgemeinde Cöln (bei Staatssteuern: „für den Kgl. Preuß. Fiskus") am 10. Januar 1904.

V.

1. Einzutr. ex tab. III[5] i. Grdb. Bl. ...
2. Nachr. Stadt, Kosten!
3. „ Eigent.
4. Anl. a. a.

Wird im Zwangsversteigerungsverfahren nach §§ 128ff. Zw.G. die Eintragung beantragt, so hat sie in Gemäßheit des Ersuchens des Vollstreckungsrichters zu erfolgen, welches den gesetzlichen Vorschriften entsprechen muß. Sind die bestehen bleibenden Rechte, denen die neu einzutragende Sicherungshypothek nach § 128 Abs. 1 Satz 1 vorgeht, Briefhypotheken, so bedarf es zur Berichtigung des Grundbuches der Vorlegung der Briefe nicht (Fuchs S. 641).

Eintragungsformel: Nr. 10. Sicherungshypothek in Höhe von fünftausend Mark für die Forderung aus dem Zwangsversteigerungsverfahren gegen den Ersteher Fritz Müller, übertragen mit a) 4000 Mk. nebst vier Prozent Zinsen seit 10. Mai 1904 an Karl Meyer, Kaufmann in Bonn und Umgegend und b) mit 1000 Mk. nebst vier Prozent Zinsen seit 10. Mai 1904 an den Rentner Carl Sorgenfrey in Düsseldorf; eingetragen auf Grund des Ersuchens des Amtsgerichts Cöln Abteilung für Zwangsversteigerungsverfahren vom 25. Juni am 15. Juli 1904.

V.

1. Einzutr. ex tab. III[10] i. Grdb.
2. Nachr. ersuchd. A.Gericht.
3. „ Ersteher. Kosten!
4. „ Gläubigern.
5. Anl. a. a.

Vierter Abschnitt.

Die Vormerkungen.

Der Fall, daß der Eigentümer die Eintragung einer Vormerkung in Abt. III bewilligt, ist so außerordentlich selten, daß wir ihn beiseite lassen dürfen. Regelmäßig erfolgt die Eintragung auf Grund einer einstweiligen Verfügung (§§ 883ff. B.G.B.) infolge Ersuchens der Partei oder auf Ersuchen des Gerichtes, das die e. V. erlassen hat. Die Grenze, welche § 866 Abs. 3 C.P.O. zieht, ist nur zu beachten, wenn die e. V. eine Geldzahlung anordnet, nicht aber, wenn es sich um die Herbeiführung einer Individualleistung handelt. Zu letzteren gehört z. B. der **Anspruch** aus § 648 (Bauhandwerkerhypothek) **auf Einräumung** einer Sicherungshypothek am Baugrundstück. Dieser wird durch Vormerkung geschützt (R. 2 S. 221). Die Ausfertigung der e. V. ist vorzulegen; Zustellung ist vor der Eintragung nicht erforderlich (s. a. S. 45). Ob Eigentümer und Grundstücksbezeichnung stimmen, ist genau zu prüfen! Die Vormerkungen werden, wie im gesetzlichen Formular ersichtlich, auf die Hälfte der Seite geschrieben. Der Raum rechts dient zur späteren endgültigen Eintragung. Diese erfolgt ohne Zutun des Eigentümers. Seine Zustimmung ist aber erforderlich (nötigenfalls ist Klage zu erheben), wenn seit der Eintragung der Vormerkung ein Wechsel in der Person des Eigentümers stattgefunden hat und ferner auch die Bewilligung des persönlich verpflichteten Schuldners, gegen den die Vormerkung gerichtet war. (Entsch. des Reichsger. Bd. 53 S. 18.) Eine Vormerkung kann nicht Eigentümerhypothek werden. Über Vormerkungen werden Urkunden nicht gebildet. Von den Vormerkungen, die in Spalte Veränderungen einzutragen sind, wird unten die Rede sein.

Eintragungsformel: s. gef. Formular, auch bezüglich der Umschreibung:

V.

1. Einzutr. ex tab. II Nr. . . . i. Grdb. Bl. . . .
2. Nachr. Eigent.
3. „ Gläub. Kosten!
4. „ Ldgericht. Civ.K. II.
5. Anl. a. a.

Fünfter Abschnitt.

Das Rangverhältnis.

1. Rangordnung.

Gehen mehrere Anträge zu gleicher Zeit ein oder sind in einem Antrage mehrere Eintragungsgesuche enthalten, so werden die Eintragungen unter fortlaufenden Nummern vollzogen, aber bei jeder wird vermerkt, daß sie mit der vorgehenden und der nachstehenden gleichen Rang hat. Eine andere Rangordnung greift nur auf Parteiantrag Platz. Sind die Anträge nicht gleichzeitig eingegangen, so erhalten sie den Rang nach der Reihenfolge des Einganges: betreffen sie die Abt. II und III, so muß, wenn die Eintragung an demselben Tage geschieht, im Grundbuche vermerkt werden, daß die später beantragte Eintragung der früher beantragten im Range nachsteht, z. B.

in Abt. II[1]: Nießbrauchsrecht usw. . . . mit Rang vor der Post Abt. III Nr. 5 und

in Abt. III: 1000 Mk. usw. eingetragen am . . . mit Rang hinter dem Rechte Abt. II Nr. 1.

Man beachte §§ 879 B.G.B. und 46 G.B.O. Eine Abweichung von den gesetzlichen Bestimmungen muß nach § 879 Abs. 3 im Grundbuche zum Ausdruck kommen.

2. Der Rangvorbehalt.

Nach § 881 B.G.B. kann der Eigentümer bei der Belastung des Grundstückes mit einem Rechte sich die Befugnis vorbehalten, ein anderes, dem Umfange nach bestimmtes Recht mit dem Range vor jenem Rechte eintragen zu lassen. Der Vorbehalt ist im Grundbuche bei dem Rechte einzutragen, das zurücktreten soll. Diese Vorschrift bezieht sich auf Rechte aller Art, einerlei, ob sie ihren Platz in Abt. II oder III finden. Man verwechsle den Rangvorbehalt nicht mit dem häufigen Abkommen der Parteien, wodurch ein Gläubiger des Eigentümers sich verpflichtet, einer später aufzunehmenden Hypothek den Vorrang einzuräumen. Letztere rein obligatorische Verpflichtung ist nicht eintragungsfähig. Bei dem Rangvorbehalt, der im Grundbuche einzutragen ist, ist die Wirkung aber eine dingliche. Die Person des Berechtigten des später einzutragenden Rechtes braucht noch nicht feststehen, aber das Recht selbst muß genau bezeichnet sein (s. u.). Wird das Recht später eingetragen, so muß dabei bemerkt werden, daß es dem anderen Rechte vorgehe. Es ist nötig, den Eigentümer in der Bewilligung zum Ausdruck bringen zu lassen, daß dieses das Recht sei, dem er den Vorrang vorbehalten habe. Wenn der Eigentümer, ehe er letzteres Recht eintragen läßt, noch andere Eintragungen ohne Vorrang bewilligt, so hat der Grundbuchrichter diese einzutragen, denn durch den Rangvorbehalt sind dem Eigentümer die Hände nicht gebunden; er kann ungehindert über das Grundstück verfügen. Das Recht aus dem Vorbehalte geht auf den neuen Eigentümer des Grundstücks über.

Eintragungsformel: Nr. 5.

Tausend Mark Darlehn mit fünf Prozent Jahreszinsen, sofort vollstreckbar gegen den jeweiligen Eigentümer. Einer aufzunehmenden Hypothek in Höhe von zehntausend Mark nebst 6 % Zinsen ist der Vorrang vorbehalten. Ohne Hypothekenbrief unter Bezugnahme auf die Bewilligung vom 4. eingetragen am 7. Januar 1904 für den Rentner Karl Schulze in Cöln.

für Nr. 6:

Zehntausend Mark Darlehn mit 6 % Jahreszinsen, sofort vollstreckbar gegen den jeweiligen Eigentümer. Unter Bezugnahme auf die Bewilligung vom 8. eingetragen am 28. Mai 1904 für den Agenten Friedrich Bösmann zu Berlin mit dem Range vor der Post Abt. III Nr. 5.

V.

zu Nr. 5 wie üblich; zu Nr. 6 aber so:

1. Einzutr. ex tab. III^6 i. Grdb.
2. Nachr. Eigent. Kosten!
3. „ Gläub.
4. Gläub. zu III^5.
5. Hypbr. bilden, an Notar, Quittg.
6. Die Abschr. a. a.

Der Gläubiger der Post Nr. 5 muß erfahren, daß der Eigentümer von der vorbehaltenen Befugnis Gebrauch gemacht hat; deshalb muß er von der Eintragung benachrichtigt werden.

3. Rangänderung (Vorrangseinräumung).

Ein eingetragener Berechtigter kann einem andern Rechte den Vorrang vor seinem Rechte einräumen. Ist der eingetragene Berechtigte nicht mehr der Besitzer des Rechtes, z. B. weil er verstorben ist, oder weil er sein Recht abgetreten hat, so muß sein Erbe als Gläubiger sich eintragen lassen, um eine Vorrangseinräumung für das Grundbuch erklären zu können (§§ 40, 41 G.B.O.). Die Eintragung der Erben ist nicht nötig, wenn die Einräumung von einem Nachlaßpfleger oder Testamentsvollstrecker ausgeht. Ist die Post abgetreten, so muß der Buchhypothekengläubiger sich immer erst eintragen lassen, wogegen der Briefgläubiger, der sich im Besitze des Briefes befindet, sich statt durch Eintragung mit Vorlegung des Briefes und einer zusammenhängenden Reihe von Abtretungserklärungen, die dem § 29 G.B.O. entsprechen, hinreichend legitimieren kann.

Die Vorrangseinräumung kann sich sowohl auf Rechte der Abt. II als auch der Abt. III, sowohl im Verhältnis zu Rechten derselben Abteilung, als auch beider Abteilungen untereinander beziehen. Handelt es sich um eine Hypothek, Grundschuld oder Rentenschuld, so muß der Eigentümer der Vorrangseinräumung des zurücktretenden Berechtigten zustimmen (der Mitwirkung des Berechtigten des vortretenden Rechtes bedarf es nicht). Der Grund liegt in der Möglichkeit der Eigentümerhypothek. Wenn die Rangänderung ohne den Eigentümer erfolgen könnte, so könnte es sich ereignen, daß eine zur Eigentümerhypothek gewordene Post durch Vorrangseinräumungen ohne sein Zutun und ohne daß er es hindern könnte, auf den letzten Platz geraten wäre. Deshalb ist die Mitwirkung des Eigentümers vorgeschrieben, und zwar des eingetragenen oder seine Eintragung gleichzeitig erlangenden Eigentümers.

Wenn eine Hypothek geteilt wird, so braucht der Eigentümer bei einer Änderung des Ranges der einzelnen Teilhypotheken nicht mitzuwirken, weil die Rangänderung innerhalb derselben Eintragung bleibt (§ 1151 B.G.B.). Der Rang der Teile einer Post untereinander kann nur gelegentlich des Überganges eines Teiles auf einen anderen Berechtigten geändert werden. Es ist nicht zulässig, daß der Gläubiger erklärt: Von meiner Post von 3000 Mk. sollen 500 Mk. den Rang vor dem Reste haben; denn solange die Hypothek im Besitze derselben Person ist, hat jeder noch so kleine Teil der Forderung denselben Rang wie die übrigen Teile. Kraft Gesetzes (§ 1176 B.G.B.) tritt eine Rangänderung ein, wenn ein Teil der Hypothek Eigentümergrundschuld wird. Dann hat der dem Gläubiger verbleibende Rest den Rang vor dem dem Eigentümer zugefallenen Teile, was auch ohne Antrag bei der Umschreibung im Grundbuche zu vermerken ist (R. 6 S. 202). Natürlich können die Beteiligten eine andere Rangordnung vereinbaren.

Bei der Eintragung der Rangänderung zwischen zwei bereits eingetragenen Briefhypotheken sind beide Briefe vorzulegen. Wird das vortretende Recht erst eingetragen, so ist der Brief über die zurücktretende Post einzureichen. Die Rangänderung ist im Grundbuche in der Spalte Veränderungen neben den bereits eingetragenen Posten zu vermerken, ebenso auf den Briefen. Wird das vortretende Recht erst eingetragen, so wird der Vorrang im Texte der Eintragung vermerkt.

Eintragungsformel a. (beide Posten sind eingetragen: Post 1 räumt 3 den Vorrang ein):

bei 1. Sp. V. 1000 Mk. — Der Post lfde. Nr. 3 ist der Vorrang eingeräumt. Eingetragen am . . .

bei 3. Sp. V. 6000 Mk. — Dieser Post ist der Vorrang vor der unter Nr. 1 eingetragenen eingeräumt. Eintragen am . . .

V.

1. Einzutragen ex tab. $\mathrm{III}^{1,3}$ Sp. V. i. Grdb. Bl. . . .
2. Nachr. Eigent.
3. „ Gläubigern zu $\mathrm{III}^{1\,u.\,3}$
4. Vermerk auf Hypoth.-Briefen, dann an Notar, Quittg.
5. Antrag a. a.
6. Kosten von . . .

Eintragungsformel b. (die vortretende Post wird gleichzeitig eingetragen):

bei Nr. 1: wie zu a.

Nr. 3: Sechstausend Mark mit vier Prozent fürs Jahr verzinsliches Darlehen, sofort vollstreckbar gegen den jeweiligen Eigentümer. Mit Rang vor der Post Abt. III Nr. 1 unter Bezugnahme usw. . . . eingetragen am . . .

V.

1. Einzutr. ex tab. III^{1} Sp. V. i. Grdb. Bl. . . .
2. „ „ „ III^{3} i. Grdb.
3. Hypothbr. zu III^{3} bilden, an Notar, Quittg.
4. Nachr. Eigent.
5. „ Gläubigern zu $\mathrm{III}^{1\,u.\,3}$
6. Vermerk auf Hypothbr. III^{1}, an Gläub., Quittg.
7. Begl. Abschr. des Aktes zu III^{3} a. a.
8. Vorrangseinr. a. a.
9. Kosten von . . .

Bei Grundschulden und bei Buchhypotheken wird ebenso verfahren, nur fällt bei letzteren naturgemäß die Vorlegung und Behandlung der Briefe fort.

Eintragungsformel c. (Rangänderung zwischen Rechten der Abt. II und III):

bei Nr. 1: Dem Rechte Abt. II Nr. 3 ist der Vorrang eingeräumt. Eingetragen am . . .

bei Nr. 3 Abt. II in Sp. V. } Dieses Recht hat den Vorrang vor der Post Abt. III Nr. 1. Eingetragen am . . .

V.

1. Einzutr. ex tab. II^3 u. III^1 Sp. V. i. Grdb. Bl. . . .
2. Vermerk auf Hypothekenbrief III^1, an Notar, Quittg.
3. Nachr. Berecht. zu II^3 u. Gläub. III^1
4. Antr. a. a.
5. Nachr. Eigent.
6. Kosten von . . .

Entsprechend ist zu verfahren, wenn die Eintragung in Abt. III mit dem Range vor dem Rechte der Abt. II erfolgen soll. —

Nicht selten — namentlich wenn ein neues größeres Kapital aufgenommen wird — liegen mehrere Vorrangseinräumungen zur Bearbeitung vor. Dann macht man den Vermerk bei jeder zurücktretenden Post, aber nur einen bei der vortretenden (bezw. in den Text der neuen Post), z. B. so:

Nr. 8 Sp. V.: „Diese Post hat den Rang vor den unter Nr. 1, 2, 5 u. 7 Abt. III eingetragenen Posten“ usw. (wenn die vortretende Post schon eingetragen ist) oder

Nr. 8 (Hauptspalte): „Mit dem Range vor den Posten Abt. III Nr. 1, 2, 5 u. 7 eingetragen am . . .“ (wenn die vortretende Post erst eingetragen wird).

Die Vorrangseinräumung bezieht sich öfters nur auf einen Teil der zurücktretenden Post oder auch nur auf einen Teil der vortretenden Post.

Eintragungsformel a:

Sp. V. lfde. Nr. 5: 10000 Mk. — Vor einem Teilbetrage dieser Post in Höhe von dreitausend Mark ist der Post Nr. 6 der Vorrang eingeräumt. Eingetragen am 10. Februar 1904

und zu Nr. 6: 8000 Mk. — Dieser Post ist der Vorrang vor einem Teilbetrage der Post lfde. Nr. 5 in Höhe von dreitausend Mark eingeräumt. Eingetragen am 10. Februar 1904

oder b:

lfde. Nr. 5: 10000 Mk. — Einem Teilbetrage der Post lfde. Nr. 6 in Höhe von dreitausend Mark ist der Vorrang eingeräumt. Eingetragen am 10. Februar 1904.

lfde. Nr. 6: 8000 Mk. — Einem Teilbetrage von dreitausend Mark ist der Vorrang vor der Post Nr. 5 eingeräumt. Eingetragen am 10. Februar 1904.

Ist der Vorrang bei der Eintragung der vortretenden Post (Nr. 6) miteinzutragen, so kann die Formel so lauten:

Nr. 6: Zehntausend Mark Darlehen mit fünf Prozent Jahreszinsen, sofort vollstreckbar gegen den jeweiligen Eigentümer. Einem Teile dieser Post in Höhe von dreitausend Mark ist der Vorrang vor der Post Abt. III Nr. 5 eingeräumt. Unter Bezugnahme usw. . . .

Bei Nr. 5 lautet die Eintragung wie oben bei b) angegeben ist.

Die Verfügung bietet nichts Abweichendes von dem oben Angegebenen.

Sechster Abschnitt.

Änderung eingetragener Rechte.

Nachdem wir im fünften Abschnitt (unter 3) eine Eintragung behandelt haben, die eventl. in der Spalte „Veränderungen" Platz finden muß, gelangen wir von hier ab zu Eintragungen, die ausschließlich in dieser Spalte zu erfolgen haben.

I. **Die Änderung des Inhalts** einer Hypothek kann sich auf den Zinsfuß, die Kündigung, die Fälligkeit, die Unterwerfung unter die sofortige Zwangsvollstreckung beziehen, es kann aber auch ein anderes Schuldverhältnis an die Stelle des eingetragenen gesetzt werden. (Von der Abtretung der Rechte [der Änderung des Gläubigers] wird noch besonders die Rede sein.) Erforderlich ist die Einigung des Gläubigers und des Schuldners und die Eintragung im Grundbuche. Zur Eintragung der Änderung des Inhalts des Rechtes bedarf es nach der Ansicht von Turnau nur der Bewilligung des davon Betroffenen, nicht auch der Bewilligung des dadurch Begünstigten (Turnau I S. 128); danach müßte der andere Teil nur zustimmen, wenn er durch die Änderung benachteiligt würde. Fuchs S. 82 ist der Ansicht, daß auch der durch die Änderung Begünstigte zustimmen müsse. Der Grundbuchrichter handelt vorsichtig, wenn er die Frage, ob durch die Änderung eine Begünstigung eintrete oder nicht, auf sich beruhen läßt, zumal die Tragweite der Änderungen nicht immer zu erkennen ist. So kann z. B. der Ausschluß der Kündigung für längere Zeit für den Eigentümer allein ein Vorteil sein; er kann ihm aber auch bei einem hochverzinslichen Darlehen zum größten Nachteil gereichen. Der Grundbuchrichter enthält sich solcher Prüfungen und tut deshalb gut daran, der Ansicht von Fuchs zu folgen, um so mehr, als nach dem so wichtigen § 19 G.B.O. in der Regel beide Teile als die Betroffenen zu betrachten sein werden. Ist das Recht mit dem Rechte eines Dritten, z. B. mit einem Pfandrechte, Nießbrauch usw. belastet, so muß der Gläubiger und der Dritte mitwirken. Die Mitwirkung der nachstehenden Gläubiger ist in der Regel nicht erforderlich, namentlich auch nicht bei einer Zinserhöhung bis zu 5 Prozent. Soll aber ein höherer Zinsfuß mit dem Range des Kapitals eingetragen werden, so muß die Zustimmung der nachstehenden Gläubiger in der Form des § 29 G.B.O. beigebracht werden (s. S. 109 Nr. 3).

Nach § 877 B.G.B. in Verbindung mit § 874 kann statt einer Spezialisierung des Inhalts der Veränderung in manchen Fällen auf die Eintragungsbewilligung Bezug genommen werden. Nicht zulässig ist dies bei der beantragten Eintragung der Unterwerfung unter die Zwangsvollstreckung und ferner bei Veränderung der Hypothek durch Umwandlung in eine andere Gattung, z. B. Sicherungshypothek in Grundschuld. Auch die Veränderung des Zinsfußes muß ausgedrückt und kann nicht durch die Bezugnahme ersetzt werden. Was nach § 1115 in der Eintragungsformel stehen muß — und dazu gehört der Zinsfuß — muß auch in der Veränderung stehen. Dagegen werden die Veränderungen bez. Kündigung, Zahlungszeit, Zahlungsort usw. durch die Bezugnahme gedeckt.

1. Beispiel: Die Bedingungen einer Hypothekenbankhypothek sind so geändert, daß vom 1. Juni 1904 ab statt der bisherigen $4^1/_2$ nur 4, bei Rückstand über 14 Tage nach Erfall $4^1/_2$% Zinsen zu zahlen sind, daß das Kapital statt 1905 erst 1914 fällig sein soll. Auch hat der Eigentümer sich der sofortigen Zwangsvollstreckung usw. unterworfen.

Eintragungsformel (zu III¹ Sp. V.):

> 4000 Mk. — Unter Herabsetzung der Zinsen auf vier eventl. $4^1/_2$% fürs Jahr vom 1. Juni 1904 ab sind die Bedingungen geändert; auf die Bewilligung vom 1. Mai 1904 wird Bezug genommen. Die sofortige Zwangsvollstreckung ist gegen den jeweiligen Eigentümer zulässig. Eingetragen am 18. Mai 1904.

V.

1. Einzutr. ex tab. III¹ Sp. V. i. Grdb. Bl. ...
2. Die Abschr. a. a.
3. Hypoth.br. mit Vermerk u. Akt v. 1./5. 04 an die Bank, einschr.
4. Nachr. Gläub.
5. „ Eigent. Kosten.

2. Beispiel: Eingetragen ist eine Sicherungshypothek von 10000 Mk. (§§ 1180, 1186), die in eine Hypothek für ein Darlehn von 10000 Mk.[1]) verwandelt werden soll. Hypothekenbrief ist ausgeschlossen.

---

[1]) Auch die Umwandlung in zwei Teilhypotheken zu je 5000 Mk., oder in vier zu 2500 Mk. usw. würde zulässig sein.

Eintragungsformel zu III[1] Sp. V.:

10000 Mk. — Die Post ist in eine gewöhnliche Hypothek für ein Darlehn von gleicher Höhe mit $4\frac{1}{2}$ % Jahreszinsen verwandelt. Die sofortige Zwangsvollstreckung ist gegen den jeweiligen Eigentümer zulässig. Ohne Hypothekenbrief unter Bezugnahme auf die Bewilligung vom 4. eingetragen am 10. Januar 1904.

V.

1. Einzutr. ex tab. III[1] Sp. V. i. Grdb. Bl. ...
2. Nachr. Eigent. Kosten.
3. „ Gläub.
4. Die Abschr. a. a.
5. Akt an Gläub., Quittung.

Man beachte hierbei, daß es der Zustimmung der nacheingetragenen Berechtigten nicht bedarf, wenn die Veränderung im Rahmen der bisherigen Eintragung bleibt und der Zinsfuß 5 % nicht übersteigt. Die Eintragung der Veränderung muß von dem Eigentümer und dem Gläubiger der bisherigen Forderung bewilligt werden. Wenn durch die Veränderung ein neuer Gläubiger eintritt, ist dessen Zustimmung nicht erforderlich (Planck III S. 594). Bei einer Gesamthypothek müssen die Eigentümer aller belasteten Grundstücke mitwirken. Man beachte ferner, daß an die Stelle einer gelöschten Post keine andere gesetzt werden kann.

II. Zu den Veränderungen muß man ferner noch rechnen die **Freigabe** eines Grundstückes **aus der Mithaft** und den **Eintritt** eines solchen **in die Haftung**, Vorgänge, durch die die Sicherheit der Post vermindert (§ 1822 Nr. 13 für minderjährige bevormundete Gläubiger beachten!) oder vermehrt wird.

1. Bei der Freigabe ist für Briefhypotheken der Brief mit der Erklärung (§ 29) des Gläubigers einzureichen. Die Zustimmung des Eigentümers ist erforderlich, wenn die Freigabe in dem konkreten Falle eine Löschung bedeutet, z. B. wenn eine Post auf Blatt 1 und 2 ruht und der Gläubiger die einzige auf Blatt 2 stehende Parzelle freigibt, so wird damit der auf Blatt 2 stehenden Post die Unterlage entzogen und die Freigabe ist gleichbedeutend mit der Löschung, die denn auch in der Hauptspalte für Löschungen zu vollziehen ist.

Beispiel 1. Es sind auf Bl. 4 unter III Nr. 4 1000 Mk. auf Parzelle 1 und 2 Flur 1 eingetragen. Der Gläubiger entläßt letztere aus der Mithaft.

Eintragungsformel:

Nr. 4 (Sp. V.). Die Parzelle Nr. 2 Flur 1 ist freigegeben. Eingetragen am ...

V.

1. Einzutr. ex tab. III⁴ Sp. V. i. Grdb. Bl. 4.
2. Vermerk auf Hypoth.-Brief, an Notar, Quittung.
3. Nachr. Eigent. Kosten!
4. „ Gläub.
5. Antr. a. a.

Beispiel 2. Eine Hypothek von 1000 Mk. ist auf Blatt 10 unter Nr. III⁴ auf Parzelle lfde. Nr. 5 und auf Bl. 17 auf den Parzellen lfde. Nr. 1—14 eingetragen. Gläubiger gibt Parzelle Nr. 5 frei. Die Post ist also auf Bl. 10 zu löschen und der entsprechende Vermerk auf Bl. 17 zu machen.

Eintragungsformel: a) auf Bl. 10 Sp. Lösch.

Nr. 4. 1000 Mk. Gelöscht am 5. Juli 1904.

b) Auf Bl. 17 Sp. V. Abt. III.

Nr. 4. 1000 Mk. Die Mithaft des Grunstückes lfde. Nr. 5 Blatt 10 ist erloschen. Eingetragen am 5. Juli 1904.

oder

Die Post ist auf Blatt 10 gelöscht. Eingetragen am 5. Juli 1904.

V.

1. Zu lösch. ex tab. Bl. 10 III⁴ i. Grdb.
2. Einzutr. „ „ „ 17 III⁴ Sp. V. i. Grdb.
3. Vermerk auf Hypoth.-Br., an Notar, Quittung.

(Bei alten Korrealbriefen ist die Vernichtung des auf Bl. 10 bezüglichen Briefes zu verfügen und Vermerk auf Hypothekenbrief III⁴ Bl. 17.)

4. Antr. a. a.
5. Nachr. Eigent. Kosten!
6. „ Gläub.

2. Die Eintragung der Verpfändung eines oder mehrerer fernerer Grundstücke erfolgt auf Grund der Bewilligung des Eigentümers und auf seinen oder des Gläubigers Antrag (§ 49 G.B.O.). Bei Briefhypotheken ist der Brief mit einzureichen und die nachträgliche Verpfändung darauf zu vermerken. Steht das nachträglich verpfändete Grundstück auf dem gleichen Blatte, wie das bisher belastete Grundstück, so genügt ein Vermerk in Abt. III Spalte Veränd.: „Die Hypothek ruht auch auf dem Grundstücke lfde. Nr. 3 des Bestandsverzeichnisses." Wenn aber das neubelastete Grundstück auf einem anderen Blatte steht, so ist die Hypothek auf letzterem mit dem Vermerk der Mithaft neu einzutragen (s. o. Gesamthypothek) und auf dem Blatte der bisherigen Eintragung in Sp. V. zu vermerken: „Für diese Hypothek haftet auch das Grundstück Parzelle Nr. ... Flur ... Blatt ... des Grundbuches von .. Eingetragen am ...

Zu dem ersteren Falle würde die Verfügung so lauten:

1. Einzutr. Abt. III Nr. ... Sp. V. i. Grdb. Bl.
2. Nachr. Eigent. Kosten!
3. „ Gläub.
4. Vermerk auf Hypoth.-Br., an Notar, Quittung.
5. ... Abschr. a. a.

Zu dem zweiten Falle:

V.

1. Einzutr. Abt. III Nr. ... ex tab. i. Grdb. Bl. 1.
2. „ „ „ Nr. ... Sp. V. ex tab. i. Grdb. Bl. 2.
3. Vermerk der Mithaft (§ 63 G.B.O.) auf Hypoth.br., dann mit Akt an Notar, Quittung.
4. Nachr. Eigent. Kosten!
5. „ Gläub.
6. ... Abschr. a. a.

Liegt das nachträglich belastete Grundstück im Bezirke desselben Grundbuchamtes, so kann statt des Vermerkes auf dem bisherigen Briefe auf Antrag auch ein Gesamtbrief an Stelle des alten gebildet werden, was im Grundbuche zu vermerken ist (§ 68³ G.B.O.). Liegen die Grundstücke in verschiedenen Amtsbezirken, so muß ein zweiter Brief gebildet und angeheftet werden (§ 59² u. § 63 G.B.O.).

III. Zu den Änderungen eines Rechtes ist auch noch die Aufhebung der Ausschließung der Bildung eines Hypothekenbriefes zu rechnen, ferner auch die Beseitigung des Hypothekenbriefes durch Verwandlung der Briefhypothek in eine Buchhypothek. Erforderlich ist in beiden Fällen die Erklärung des Eigentümers und des Gläubigers und des Dritten, falls die Post mit dem Rechte desselben belastet ist (§ 29 G.B.O.).

Eintragungsformel a:

Sp. V. Nr. 1. — 1000 Mk. — Die Ausschließung des Hypothekenbriefes ist aufgehoben. Eingetragen am ...

oder

Es ist ein Hypothekenbrief gebildet. Eingetragen am ...

V.

1. Einzutr. ex tab. III¹ Sp. V. i. Grdb. Bl. ...
2. Hypoth.br. bilden, mit Akt an Gläub., Quittung.
3. Nachr. Eigent. Kosten!
4. „ Gläub.
5. ... Abschr. a. a.

Eintragungsformel b:

Abt. III Nr. 1 Sp. V.: Die Bildung eines Hypothekenbriefes ist ausgeschlossen. Eingetragen am ...

V.

1. Einzutr. ex tab. III[1] Sp. V. i. Grdb. Bl. ...
2. Hypoth.-Br. kass. a. a., Schuldurkde. abtrennen, an Gläub., Quittung (§ 69 G.B.O.).
3. Nachr. Gläub.
4. „ Eigent. Kosten!
5. ... Abschr. a. a.

Man beachte, daß bei Gesamthypotheken alle Eigentümer mitwirken müssen und nötigenfalls auch der Dritte, der ein Recht an der Post hat. Oft enthält eine Schuldurkunde, die den Hypothekenbrief ausschließt, den Vermerk, daß dem Gläubiger auf seinen einseitigen Antrag ein Brief auszufertigen sei. Dieses Abkommen ist nicht eintragbar. Wenn aber der Gläubiger später den Antrag (in der Form des § 29 G.B.O.) stellt, so ist ihm stattzugeben. Hat aber inzwischen der Eigentümer gewechselt, so muß dieser mitwirken, weil das bezeichnete Abkommen keinen dinglichen Charakter hat (s. a. R. 2 S. 322).

Siebenter Abschnitt.

Übergang der Hypothek.

1. Durch Erbgang.

Der Einzelerbe hat sein Erbrecht nach § 36 G.B.O. nachzuweisen, wie bereits oben (S. 27 i) angegeben ist. Der Umschreibungsantrag kann formlos gestellt werden, wenn die das Erbrecht beweisenden Urkunden beigefügt sind und bei einer Briefhypothek der Brief miteingereicht wird. Soll einer von mehreren Erben als neuer Gläubiger eingetragen werden, so ersetzt ein Zeugnis des Nachlaßgerichts den Nachweis der Erbfolge und die Eintragungsbewilligung der Erben (§ 37 G.B.O.). Die Erben können aber auch selbst bewilligen, daß einer von ihnen als alleiniger Gläubiger eingetragen werde; dann ist aber auch das Erbrecht nach § 36 G.B.O. nachzuweisen.

Eintragungsformel:

Nr. 1. — 10000 Mk. Die Post ist durch Erbfolge auf den Wirt Fritz Schulze in Cöln übergegangen. Eingetragen am 10. Mai 1904.

V.

1. Einzutr. ex tab. III[1] Sp. V. i. Grdb. Bl. ...
2. Vermerk auf Hypoth.-Br., an Schulze, Quittung. Kosten.
3. Nachr. Eigent.
4. „ Gläub.
5. Antr. a. a. (Erbsch. bei Abt. V[6], $^{302}/_{04}$).

event. 6. Begl. Abschr. des Testam.

oder „ Bescheinigung des Nachlaßger. a. a.

Die Eintragung mehrerer oder aller Erben erfolgt nach denselben Grundsätzen, jedoch fällt hier die erleichternde Vorschrift des § 37 G.B.O. weg. Dagegen ist § 48 zu beachten.

Eintragungsformel:

Nr. 1 Abt. III. — 10000 Mk. — Die Hypothek ist durch Erbgang übergegangen auf die drei Brüder Karl, Fritz und Konrad Müller, Landwirte zu Lechenich, in ungeteilter Erbgemeinschaft. Eingetragen am 14. Januar 1904.

V.

wie oben.

Das oben genannte Zeugnis des Nachlaßgerichts genügt auch dann, wenn die fortgesetzte Gütergemeinschaft durch den Tod des überlebenden Ehegatten aufgelöst oder die Gütergemeinschaft durch den Tod eines Gatten ohne Begründung der fortgesetzten Gütergemeinschaft beendet ist und eine Hypothek usw., die zu dem Gesamtgute oder zu der fortgesetzten Gütergemeinschaft gehörte, auf einen Beteiligten als neuen Gläubiger umgeschrieben werden soll (§ 38 G.B.O.).

Ist ein Testamentsvollstrecker (s. S. 28) ernannt, so ist es dessen Aufgabe, die Eintragung des oder der Erben bei der zum Nachlasse gehörigen Post zu bewirken, es sei denn, daß die betr. Angelegenheit dem Geschäftskreise des Testamentsvollstreckers entzogen wäre. Nach § 53 G.B.O. ist bei der Eintragung des Erben das Vorhandensein des Testamentsvollstreckers von Amts wegen miteinzutragen. Die wichtige Frage, ob dies bei jeder derartigen Eintragung zu geschehen habe, habe ich nirgends aufgeworfen und nirgends beantwortet gefunden. Man wird aber unterscheiden müssen, ob die Post dem Erben zu seinem Vermögen, also zu seiner freien Verfügung im Wege der vom Testamentsvollstrecker vorzunehmenden Versilberung und Verteilung des Nachlasses überwiesen wird, oder ob die Eintragung auf den Erben einen anderen Zweck verfolgt. Sind mehrere Erben vorhanden und wird einem von ihnen eine Hypothek zugewiesen, so erhält er (in der Regel) diese zu seiner freien Verfügung und der Vermerk aus § 53 ist nicht nötig. Ist nur ein Erbe vorhanden, so wird sich aus den Erklärungen des T.vollstreckers entnehmen lassen, ob die Eintragung erfolgt, damit der Erbe die Post für sich allein frei besitze, oder um etwa die Einräumung des Vorranges für eine nachfolgende Post erklären zu können, was ja die zuvorige Eintragung voraussetzt. Im letzteren Falle Vermerk aus § 53, im ersteren nicht! Wenn die Eintragung mehrerer Erben „in ungeteilter Erbgemeinschaft" beantragt wird, so sind sie als „Erben" (§ 53) eingetragen; der Vermerk ist also erforderlich, wie in allen Fällen, wo der **Erbe als solcher** eingetragen wird. — Die Eintragung auf den Namen des Testamentsvollstreckers ist unzulässig.

Eintragungsformel a:

Nr. 1. — 1000 Mk. Die Post ist umgeschrieben auf Johann, Erna und Franz Müller, Rentner zu Cöln, in ungeteilter Erbgemeinschaft. Es ist ein Testamentsvollstrecker bestellt. Eingetragen am ...

Der Testamentsvollstrecker kann namentlich bezeichnet werden; nötig ist dies nicht.

V.

1. Einzutr. ex tab. III[1] Sp. V. i. Grdb.
2. Nachr. Eigent.
3. „ Gläub.
4. „ Testamentsvollstr.
5. H.brief mit Vermerk an T.vollst. Quittg.
6. Kosten von ...
7. Vgl. Abschr. des Testam. (Erbsch.) a. a.

Eintragungsformel b:

Nr. 1. — 1000 Mk. Die Post ist auf Fritz Müller, Wirt in Cöln durch Erbfolge übergegangen. Eingetragen am 14. Juni 1904.

V.

1. Einzutr. ex tab. III[1] Sp. V. i. Grdb. Bl. ...
2. Vermerk auf H.brief, an Gläub. Quittg.
3. Nachr. Eigent.
4. „ Gläub. Kosten
5. Vgl. Abschr. des Testam. (Erbsch.) a. a.

Ist der einzutragende Erbe Vorerbe, so muß § 52 G.B.O. beachtet werden. Erbesnachweis wie oben (§ 36 G.B.O.).

Eintragungsformel:

Nr. 1. — 1000 Mk. Die Post ist auf Fritz Müller, Wirt in Cöln als befreiten Vorerben übergegangen. Nacherbe ist der Kaufmann Heinrich Becker in Bensberg. Eingetragen am 6. Juni 1903.

V.

1. Einzutr. ex tab. III[1] Sp. V. i. Grdb. Bl. ...
2. Nachr. Eigent.
3. „ Gläub.
4. „ Becker.
5. H.brief mit Vermerk an Müller, Quittg., Kosten!
6. Antr. a. a.

Der Vermächtnisnehmer kann auf Grund der letztwilligen Verfügung nicht beantragen, die ihm vermachte Hypothek auf seinen Namen umzuschreiben, vielmehr ist hierzu die Bewilligung des Erben oder des Testamentsvollstreckers erforderlich.

2. Durch Übertragung.

a) Die freiwillige Übertragung.

Nach § 1153 kann die Hypothek nicht ohne die Forderung und die Forderung nicht ohne die Hypothek abgetreten werden. Die Forderung ist das Hauptrecht, die Hypothek das Nebenrecht und deshalb redet der § 1154 nur von der Abtretung der Forderung und regelt die Formen dafür, die aber verschieden sind, je nachdem es sich um eine Buch- oder um eine Briefhypothek handelt (Planck III S. 530).

Die **Buchhypothek** wird wie ein Grundstück übertragen (§ 873); es ist also erforderlich: Einigung und Eintragung. Hierfür ist die Bewilligung (§ 29 G.B.O.) des eingetragenen Gläubigers und sein oder des Zessionars formloser Antrag erforderlich. Ist der Zedent nicht eingetragen, so hat der Grundbuchrichter die Eintragung des Zessionars abzulehnen. Eine Ausnahme ist im Falle des § 41 G.B.O. vorgesehen. Der Erbe (auch der Erbeserbe!) des eingetragenen Buchhypothekgläubigers kann die Post abtreten, ohne selbst eingetragen zu sein (die erleichternden §§ 26 G.B.O. und 1155 B.G.B. gelten für die Buchhypothek nicht). Dieselben Grundsätze gelten für eine Teilabtretung.

Die **Briefhypothek** kann auch ohne Eintragung der Zession im Grundbuche übergehen, wenn die Einigung der Partei und die Abtretungserklärung vorliegt und — und das ist das wesentlichste — die Übergabe des Briefes an den Zessionar hinzukommt. Soll die Zession eingetragen werden, so muß die Abtretungserklärung des Zedenten in der Form des § 29 G.B.O., der Antrag des Zessionars oder des Zedenten auf Umschreibung (formlos!) und der Hypothekenbrief vorgelegt werden. Nach § 1154 kann durch die Eintragung die schriftliche Form der Zession ersetzt werden (nicht die Briefübergabe, die stets nötig ist!); es muß dann aber auch die Abtretung im Grundbuche zum Ausdruck kommen; der Vermerk „umgeschrieben auf" genügt nicht und vermag den Mangel der Schriftform einer Abtretungserklärung nicht zu heilen (Fuchs S. 485). Es ist übrigens gleichgültig, ob eine Abtretungserklärung oder eine Eintragungsbewilligung des Abtretenden (§ 26 G.B.O.) vorgelegt wird; der Grundbuchrichter hat aus der einen wie aus der anderen einzutragen.

In zwei Fällen braucht der Zedent nicht eingetragen zu sein, um die Post abtreten zu können. Einmal im Falle des § 41 G.B.O. (s. o.). Dann aber auch im Falle des § 1155 B.G.B. Wer sich nämlich im Besitze des Briefes und einer zusammenhängenden Reihe von öffentlich beglaubigten Abtretungserklärungen befindet, die bis auf einen eingetragenen Gläubiger zurückführen, kann sowohl sich selbst eintragen lassen als auch einen Dritten, ohne sich zuvor eintragen zu lassen. — Das vorstehend Ausgeführte gilt auch für den Fall einer Teilabtretung.

Dann ist dem Zessionar der Hauptbrief oder ein Teilbrief zu übergeben. Wird kein Teilbrief gebildet — notwendig ist Bildung nicht (§ 1152) — so kann der mit dem Vermerke der Abtretung versehene Brief als gemeinschaftliche Urkunde im Besitze eines der Beteiligten bleiben. Der Teilbrief kann vom Gericht oder vom Notar hergestellt werden. Die Herstellung ist auf dem Hauptbriefe zu vermerken (§ 61 G.B.O.), nicht aber im Grundbuche. Die Zustimmung des Eigentümers ist nicht erforderlich (§ 1152).

Bei der Abtretung eines Teiles der Post wird öfters der Rang geändert (s. S. 68), was nicht nur im Grundbuche, sondern auch auf dem Briefe und Teilbriefe zu vermerken ist. Auch hier ist die Zustimmung des Eigentümers nicht nötig. Bei Gesamthypotheken ist die Abtretung auf allen Blättern zu vermerken.

Alles oben Gesagte gilt auch für die Buch- bezw. Briefgrundschuld und die Rentenschuld und für die gewöhnliche Sicherungshypothek, dagegen enthält der § 1190 für Maximalhypotheken besondere Vorschriften. Wird bei diesen die Forderung (formlos oder nicht) übertragen, so geht die Hypothek nicht mit über — eine Ausnahme von dem Grundsatze des § 1153 Satz 2 B.G.B. — verbleibt vielmehr dem Zedenten. Eine Übertragung der bloßen Forderung nach § 873 wie bei der gewöhnlichen Buchhypothek (s. o.), ist nicht zulässig. Soll Forderung und Hypothek auf den Zessionar übergehen, so ist Einigung und Eintragung erforderlich (Fuchs S. 624). Stellt sich bei der späteren Feststellung heraus, daß die Forderung kleiner ist als die abgetretene Summe, so geht die Hypothek insoweit unter. Daß übrigens die Forderung nur nach ziffernmäßiger Feststellung mit der Hypothek abtretungsfähig sei, geht aus dem Gesetze nicht hervor (R. 4 S. 320).

Beispiel 1. Eine Buchhypothek von 1000 Mk. wird mit den Zinsen seit 1. Januar 1904 abgetreten.

Eintragungsformel:

Nr. 1. — 1000 Mk. — mit den Zinsen seit 1. Januar 1904 an den Rentner Felix Sorgenfrei zu Cöln abgetreten. Eingetragen am 10. Februar 1904.

V.

1. Einzutr. ex tab. III¹ Sp. V. i. Grdb. Bl. . . .
2. Nachr. bisher. Gläub.
3. „ neuem „ , Akt an ihn, Quittg.
4. „ Eigent.
5. . . . Abschr. der Zess. a. a.
6. Kosten von . . .

In gleicher Weise ist die Abtretung einer gewöhnlichen Sicherungshypothek zu behandeln.

Beispiel 2. Eine Briefhypothek usw. s. Beispiel 1.

V.

wie zu Beispiel 1, nur ist einzuschalten

2. Vermerk auf Hbrief., mit Zession an Zessionar, Quittg. usw. usw.

NB. Die Zessionsurkunde ist dem Briefe nicht anzuheften, vielmehr zurückzugeben. Wem der Brief (und die Abtretungsurkunde) auszuhändigen ist, muß aus dem Antrage hervorgehen. Eine beglaubigte Abschrift der Zessionserklärung ist zu den Akten zu nehmen (auch bei Buchhypotheken). Dies ist auch für die folgenden Beispiele zu beachten.

Beispiel 3. Von einer Buchhypothek von 3000 Mk. wird ein Teil von 1000 Mk. abgetreten. Über Rangordnung ist nichts gesagt.

Eintragungsformel:

Nr. 1. — 1000 Mk. Ein Teilbetrag von eintausend Mark ist mit den Zinsen seit 1. Januar 1904 an den Rentner Felix Sorgenfrei in Cöln abgetreten. Eingetragen am 10. Februar 1904.

V.

1. Einzutr. ex tab. III[1] Sp. V. i. Grdb. Bl. . . .
2. Nachr. Eigent.
3. „ bisher. Gläub.
4. „ neuem „ , Akt an ihn, Quittg.
5. . . . Abschr. a. a.
6. Kosten von . . .

Beispiel 4. Eine Briefhypothek von 4000 Mk. wird geteilt. 2000 Mk. mit Rang vor dem Reste werden abgetreten. Es wird ein Teilbrief gebildet.

Eintragungsformel:

Nr. 1. — 2000 Mk. — Ein Teil von zweitausend Mark ist mit dem Range vor dem Reste und mit den Zinsen seit 1. Januar 1904 abgetreten an . . . Eingetragen am . . .

V.

1. Einzutr. ex tab. III[1] Sp. V. i. Grdb. Bl. . . .
2. Nachr. Eigent.
3. „ Gläub.
4. „ neuem Gläub.
5. H.brief mit Vermerk an Gläub., Quittg.
6. Teilbr. bilden, mit Akt an Zessionar, Quittg.
7. . . . Abschr. a. a.
8. Kosten von . . .

Beispiel 5. Eine Briefhypothek von 4000 Mk. wird geteilt. 2000 Mk. mit Rang nach dem Reste werden abgetreten. Teilbrief ist nicht beantragt.

Eintragungsformel:

Nr. 1. — 2000 Mk. — Ein Teil von zweitausend Mark mit Rang hinter dem Reste und mit den Zinsen seit 1. Januar 1904 abgetreten an ... Eingetragen am ...

V.

1. Einzutr. ex tab. III[1] Sp. V. i. Grdb.
2. Nachr. Eigent.
3. „ Gläub.
4. „ dem neu. Gläub., Akt an ihn, Quittg.
5. Vermerk auf H.brief, an Gläub., Quittg.
6. ... Abschr. der Zession a. a.
7. Kosten von ...

Beispiel 6. Eine Buchhypothek von 4000 Mk. wird geteilt. 2000 Mk. werden zu gleichem Range abgetreten. Die Bedingungen werden gleichzeitig geändert. Es werden Briefe gebildet.

Eintragungsformel:

Nr. 1. Unter Herabsetzung des Zinsfußes auf vier Prozent fürs Jahr seit 1. Januar 1904 sind die Bedingungen geändert; auf die Bewilligung vom 5. Januar 1904 wird Bezug genommen. Die Ausschließung des Hypothekenbriefes ist aufgehoben. Ein Teil von zweitausend Mark mit Zinsen seit 1. Januar 1904 ist abgetreten an ... Eingetragen am ...

V.

1. Einzutr. ex tab. III[1] Sp. V. i. Grdb. Bl. ...
2. Nachr. Eigent.
3. „ Zedenten.
4. „ Zessionar.
5. Zwei Briefe über je 2000 Mk. bilden, an Notar mit Akt, Quittg.
6. ... Abschr. des Aktes a. a.
7. Kosten von ...

Bei einer eingetragenen Sicherungshypothek des § 1187 B.G.B. ist eine Abtretung zulässig und richtet sich nach den Vorschriften, die für Übertragung des Papiers gegeben sind (Indossament usw.). Die Eintragung der Zession auf den Namen des neuen Gläubigers widerspricht aber dem Wesen der Hypothek des § 1187, welche auf den Inhaber, nicht auf den Namen lauten soll. Nicht der als Gläubiger Eingetragene, sondern der Inhaber der Urkunde ist der Berechtigte. So zutreffend Fuchs S. 608. Die Eintragung ist deshalb abzulehnen.

b) Der zwangsweise Übergang.

Die Abtretungserklärung des Gläubigers wird ersetzt durch ein rechtskräftiges Urteil, das ihn zur Abtretung verurteilt. Das zugestellte

Urteil ist mit dem Hypothekenbriefe (den der Gerichtsvollzieher dem Gläubiger wegzunehmen hat) dem Grundbuchamte mit dem formlosen Eintragungsantrage vorzulegen. Bei der Buchhypothek vollzieht sich die Sache einfacher, weil es dann nur des Antrages und der Vorlegung des Urteils bedarf.

Eintragungsformel:

Nr. 1. — 1000 Mk. — Umgeschrieben auf den Rentner Fritz Sorgenfrei zu Cöln. Unter Bezugnahme auf das rechtskräftige Urteil des Landgerichts Cöln vom 10. Januar 1904, eingetragen am 22. Februar 1904.

V.

1. Einzutr. ex tab. III' Sp. V. i. Grdb. Bl. . . .
2. Nachr. Eigent.
3. „ Gläub. Kosten!
4. „ bisher. Gläub.
5. Vgl. Abschr. des Urteils a. a.
6. Antr. a. a.; und bei Briefhypothek
7. H.brief mit Vermerk und Urteil an Sorgenfrei, Quittg.

Bezieht sich das Urteil nur auf einen Teil der Hypothek, so ist der Hauptbrief mit Vermerk dem Gläubiger zurückzugeben, der Teilgläubiger erhält nur auf seinen Antrag einen Teilbrief. Der Rang der Teile wird sich aus dem Urteile ergeben; ist nichts darüber gesagt, so haben die Teile gleichen Rang, was bei der Eintragung nicht zum Ausdruck gebracht wird.

Eintragungsformel: Nr. 1. 500 Mk. Ein Teil von fünfhundert Mark ist umgeschrieben auf den Rentner Fritz Sorgenfrei zu Cöln. Unter Bezugnahme usw. (w. o).

V.

1—6 wie oben.
7. H.brief mit Vermerk an Gläub., Quittg.
event. 8. Teilbrief bilden, an Sorgenfrei mit Urteil, Quittg.

Auch in Wege der Zwangsvollstreckung kann ein neuer Gläubiger in die Hypothek eintreten, indem die Forderung, für welche eine Hypothek besteht, gepfändet und überwiesen wird (§§ 830, 837, 857 Abs. 6 C.P.O.). Für die Pfändung einer **Briefhypothek** ist außer dem Pfändungsbeschlusse die Übergabe des Hypothekenbriefes erforderlich. Gibt der Schuldner (der Hypothekgläubiger) den Brief nicht heraus, so gilt die Übergabe an den Pfändungsgläubiger als vollzogen, wenn der Gerichtsvollzieher den Brief zum Zwecke der Ablieferung an den Gläubiger wegnimmt. Damit ist das Pfandrecht für den letzteren entstanden, ohne daß es noch der Eintragung im Grundbuche bedarf. Bei der Briefhypothek ist die Eintragung abzulehnen, wenn der Brief nicht vorgelegt werden kann, einmal schon im Hinblick auf § 42 G.B.O., dann aber auch, weil nach § 730 C.P.O. ohne Besitz des Briefes das Pfandrecht nicht besteht. Bei der **Buch**hypothek ist die Eintragung im Grundbuche notwendig, welche auf Grund des Pfändungsbeschlusses erfolgt. Die Anträge sind formlos beim Grundbuchamte zu stellen, wenn der Beschluß und bez. der Brief mitvorgelegt werden. Ob vor der Eintragung die Zustellung an den Eigentümer, Drittschuldner oder Schuldner erfolgt und dies dem Grundbuchamte nachgewiesen sein muß, ist streitig, aber mit Fuchs S. 490 zu verneinen, dagegen setzt die Zwangsvollstreckung in den Brief vorherige Zustellung voraus (§ 750 C.P.O.). Die Pfändung einer Forderung für Zinsenrückstände usw. (§ 1159 B.G.B.) und die Pfändung der Hauptforderung aus einem Inhaber- oder Orderpapiere (§ 1187) erfolgt nach den allgemeinen Vorschriften der C.P.O. (§§ 808, 831), also unter Zustellung an den Drittschuldner, Wegnahme des Briefes usw., auch wenn eine Hypothek für die Forderung eingetragen ist. Der Übergang erfolgt nicht nach § 1154 B.G.B., sondern nach den Vorschriften für die Übertragung der Forderung (Fuchs das.).

Wir haben hier die Pfändung mitbehandelt, obwohl ein Wechsel in der Person des Gläubigers bei der Pfändung der Hypothek nicht eintritt; aber die Pfändung ist die Grundlage für die Überweisung und war deshalb hier zu besprechen. Maßgebend für die Überweisung ist § 837 C.P.O. Bei der Buchhypothek ist zur Überweisung an Zahlungs Statt die Eintragung der Überweisung erforderlich, die auf Grund des Überweisungsbeschlusses erfolgt. Bei der Briefhypothek ist die Eintragung nicht notwendig (wenn auch, wie bei der Pfändung [s. o.], zulässig), bei ihr genügt die Aushändigung des Überweisungsbeschlusses. Die Überweisung an Zahlungs Statt steht der Abtretung gleich, durch sie wird der Inhaber neuer Gläubiger der gepfändeten Post; die Post wird dem Machtbereiche des Gläubigers dauernd entzogen. Es steht im Belieben des Gläubigers, beim Prozeßgericht die Überweisung zur Einziehung oder an Zahlungs Statt zu beantragen. Erstere ermächtigt ihn zur Empfangnahme des Kapitals und zur Ausstellung einer löschungsfähigen Quittung; letztere aber gilt als Befriedigung und ist deshalb bei weitem seltener. Meistens wird ein Pfändungs- und Überweisungsbeschluß in einem Beschlusse erlassen und dem Grundbuchamte vorgelegt. Aus der Überweisung zur Einziehung findet eine Eintragung nicht statt. Bei der Maximalhypothek (§ 1190) kann die Forderung nach den allgemeinen Grundsätzen gepfändet und auch überwiesen werden, wenn der Gläubiger die Überweisung der Forderung ohne die Hypothek an Zahlungs Statt beantragt (§ 837 Abs. 3 C.P.O.). Dies geht dann ohne Eintragung vor sich. Will aber der Gläubiger Forderung und Hypothek überwiesen erhalten, so muß Pfändung wie Überweisung im

Grundbuche eingetragen werden (Turnau-Förster S. 836). Zum Zwecke der Eintragung ist in allen Fällen der Überweisungsbeschluß einzureichen und der Eintragungsantrag zu stellen. Der Nachweis der erfolgten Zustellung ist nicht erforderlich. Wegen der Pfändung der Eigentümerhypothek s. u.

Eintragungsformel bei Pfändung und Überweisung einer Briefhypothek. Nr. 3. — 1000 Mk. Die Post ist auf den Rentner Fritz Sorgenfrei zu Cöln umgeschrieben auf Grund des Pfändungs- und Überweisungsbeschlusses des Amtsgerichts Cöln vom 14. am 21. Mai 1904.

V.

1. Einzutr. ex tab. III³ Sp. V. i. Grdb.
2. Nachr. Eigent.
3. „ Gläub.
4. „ Sorgenfrei.
5. H.brief mit Vermerk und Beschluß an Sorgenfrei, Quittg., Kosten.
6. Begl. Abschr. des Beschl. und Antrag a. a.

Eintragungsformel bei Pfändung einer Buchhypothek. Nr. 3. — 2000 Mk. Die Post ist für den Wirt Franz Durst zu Cöln gepfändet. Eingetragen auf Grund des Pfändungsbeschlusses des Amtsgerichts Cöln vom 24. am 28. Mai 1904.

V.

1—4 wie oben.
5. Begl. Abschr. des Beschl. a. a.
6. Beschl. an Durst, Quittg., Kosten.

Achter Abschnitt.

Die Eigentümerhypothek.

Wer eine Hypothek erwirbt, muß mit der Möglichkeit rechnen, daß die vorgehenden Posten nicht gelöscht, sondern Eigentümerhypotheken werden, über die der Eigentümer weiterverfügen kann. Wer sich gegen letzteres sichern und den Vorteil des Aufrückens der eigenen Post durch Löschung der vorgehenden Posten haben will, muß mit dem Eigentümer ein Abkommen treffen, daß dieser im Grundbuche eine Vormerkung (§ 1179) eintragen lasse, des Inhalts, daß die Hypothek zu löschen sei, falls sie sich mit dem Eigentum in einer Person vereinige. Diese Vormerkung kann nur bei einer schon eingetragenen Post eingetragen werden (R 3 S. 387) und ist, falls diese eine Briefhypothek ist, auf dem Briefe zu vermerken, dagegen ist der Vermerk auf dem Briefe über die berechtigte Post nicht vorgeschrieben. Die Eintragung kann erfolgen, nachdem beide Posten eingetragen sind, aber auch bei Eintragung der berechtigten Post. Im letzteren Falle ist es zweckmäßig, einen Hinweis auf die Rechte aus der Vormerkung in die Eintragungsformel aufzunehmen. Die Vormerkung kann sich auch auf einen Teil der von der Vormerkung betroffenen Post beziehen. Der über letztere gebildete Brief ist vorzulegen und dem Gläubiger derselben später zurückzugeben; dessen Recht wird von der Vormerkung nicht berührt.

Die Eintragung erfolgt entweder auf Grund der Bewilligung des Eigentümers (§ 29 G.B.O.), oder auf Grund einer einstweiligen Verfügung, was für die Eintragungsformel von Bedeutung ist. Vereinigt sich die Hypothek mit dem Eigentum, so kann der Berechtigte den Eigentümer zur Löschung zwingen.

Beispiel: Beide Hypotheken sind schon eingetragen. Zu der Post lfde. Nr. 1 wird die Vormerkung beantragt.

Eintragungsformel a. Sp. V. Nr. 1. Die Post ist zu löschen, wenn sie sich mit dem Eigentum in einer Person vereinigt. Vorgemerkt zu Gunsten des N. N. zu Cöln (Name des Gläubigers der bevorzugten Post) am . . .

V.

1. Einzutr. ex tab. III[1] Sp. V. i. Grdb. Bl.
2. Nachr. Eigent. Kosten!
3. „ Gläub.
4. „ N. N.
5. Antr. a. a., und bei Briefposten
6. Brief mit Vermerk an Gläub., Quittg.

Eintragungsformel b: Sp. V. Nr. 1: Vormerkung zur Erhaltung des Rechtes des N. N. zu Cöln auf Löschung der Hypothek, falls sie sich mit dem Eigentum in einer Person vereinigt. Auf Grund der einstweiligen Verfügung des Landgerichts Cöln vom 2 eingetragen am 4. Januar 1904.

V.

1—4 wie oben.
5. Antr. a. a.
6. Nachr. Landgericht Civ.K. (falls dieses um Eintragung ersucht hat)

und bei Briefposten 7. Vermerk auf H.brief, an Gläub., Quittung.

Auch bei der einstw. Verf. muß der Brief, event. von dem ersuchenden Gerichte, vorgelegt werden. Im letzteren Falle ist er auch dem ersuchenden Gerichte zurückzugeben. Fehlt der Brief, so kann die Eintragung nicht erfolgen.

Beispiel 2. Die berechtigte Post wird erstmalig eingetragen.

Dann lautet die Eintragung bei der belasteten Post wie oben zu a, dagegen die neue Post so: Nr. 5. 1000 Mk. (i. W.) Darlehn mit 5 Prozent Jahreszinsen, sofort vollstreckbar gegen den jeweiligen Eigentümer. Ohne Hypothekenbrief unter Bezugnahme auf die Bewilligung vom 2. eingetragen am 4. Januar 1904 für den Wirt Fritz Durst zu Cöln, zu dessen Gunsten bei der Post Nr. 1 eine Vormerkung nach § 1179 B.G.B. eingetragen ist.

V.

1. Einzutr. ex tab. III⁵ i. Grdb. Bl. ...
2. „ „ „ III¹ Sp. V. Grdb. Bl. ...
3. Akt an Gläub. Durst, Quittg.
4. Abschr. a. a.
5. Nachr. Eigent.
6. „ Gläub. zu III¹.
7. „ „ III⁵.
8. H.brief mit Vermerk an Gläub. zu III¹, Quittg.
9. Kosten von ...

Wir kommen nun zu der Entstehung der **Eigentümerhypothek**. Mehr als irgend eine andere Materie des Grundbuchrechts verlangt gerade diese ein eingehendes Studium des Gesetzes und der Kommentare, auf die hier um so mehr verwiesen werden muß, als der Stoff eine kurze Behandlung nicht verträgt und eine ausführliche Darstellung aller Arten der Eigentümerhypothek über den Rahmen dieses Buches weit hinausgehen würde. Es sollen deshalb nur die hauptsächlichsten Fälle kurz besprochen werden.

Die Grundsätze über die Eigentümerhypothek beziehen sich auf alle Arten der Belastungen in Abt. III, jedoch mit Ausnahme der Vormerkungen, die nie E.hypothek werden können. Bei der Rentenschuld kann nur die Ablösungssumme E.hypothek werden. Man muß aber für alle Fälle daran festhalten: Die eingetragene Post muß eine rite zustandegekommene Hypothek usw., d. h. durch Einigung und Eintragung entstanden sein, sonst kann daraus keine giltige Eigentümerhypothek werden. Die E.hypothek entsteht:

1. **Durch Verzicht des Gläubigers.**

Der Verzicht ist dem Eigentümer oder dem Grundbuchamte gegenüber in der Form des § 29 G.B.O. zu erklären und bedarf der Eintragung in das Grundbuch. Ist der Verzicht dem Grundbuchamte gegenüber erklärt, so ist die Mitwirkung des Eigentümers nicht erforderlich. Der Hypothekenbrief ist miteinzureichen und wird, mit dem entsprechenden Vermerk versehen, dem Eigentümer ausgehändigt. Mit der Eintragung des Verzichts geht die Hypothek auf den Eigentümer über, die Forderung aber verbleibt dem Gläubiger, er kann über sie weiter verfügen. Dies ist namentlich wichtig bei der Zwangshypothek. Wenn z. B. der Gläubiger eine Zwangshypothek auf ein Grundstück seines Schuldners eintragen läßt, die wenig Aussicht auf Befriedigung bietet, ihm aber hinterher Gelegenheit gegeben ist, die Eintragung auf einem andern Grundstücke des Schuldners mit mehr Aussicht auf Erfolg zu machen, so verzichtet der Gläubiger dort auf die Hypothek, dies wird auf dem Schuldtitel und im Grundbuche vermerkt und nun kann aus der Forderung die Eintragung an der besseren Stelle erreicht werden. Dies geht auch dann, wenn es sich nur um einen Verzicht auf einen Teil der Post handelt und nun der freigewordene Teil der Forderung auf einem anderen Blatte eingetragen werden soll. Bei der Briefhypothek ist der Verzicht auf die Hypothek für einen Teil der Forderung vom Gläubiger auf dem Briefe (formlos!) zu vermerken.[1] Der Gläubiger hat den Brief zum Zwecke der Berichtigung oder der Löschung dem Grundbuchamte oder zum Zwecke der Herstellung eines Teilbriefes der zuständigen Behörde (Grundbuchamt oder „ein Gericht" § 61 Abs. 1 G.B.O.) oder einem zuständigen Notar vorzulegen (§§ 1145 und 1168). Dies gilt auch für Briefgrund- und -Rentenschuld. Erforderlich ist stets Verzichtserklärung und Eintragung. Man beachte, daß im § 1168 nur der Verzicht auf die Hypothek, nicht der Verzicht auf die Forderung oder auf beide behandelt wird und daß § 1145 nur auf den Teilverzicht Anwendung findet. Aus welchen Gründen der Gläubiger verzichtet, ist für die grundbuchmäßige Behandlung der Sache gleichgültig. Nach § 1169 kann der Eigentümer ihn auch zum Verzicht zwingen (nötigenfalls im Prozeßwege), wenn die Geltendmachung der Hypothek durch eine Einrede des Gläubigers dauernd ausgeschlossen ist. Über die Hypothek, auf welche verzichtet ist, kann der Eigentümer durch Umschreibung usw. verfügen.

Eintragungsformel zu Nr. 1 Sp. V. 1000 Mk. Der Gläubiger hat auf die Hypothek (Grundschuld) verzichtet. Eingetragen am . . .

V.

1. Einzutr. ex tab. III¹ Sp. V. i. Grdb. Bl. . . .
2. Nachr. Eigent.
3. „ Gläub.
4. Erklärung a. a.
5. H.brief mit Vermerk an Eigent., Quittg.; Schuldurkde. abtrennen, an Gläubiger, Quittg.
6. Kosten von . . .

---

[1]) Der dem Gläubiger verbleibende Rest behält den Rang vor dem Teile, auf den er verzichtet hat (§ 1176).

2. **Wenn eine Forderung, für welche die Hypothek bestellt ist, nicht zur Entstehung gelangt ist** (§ 1163).

Nach § 1163 Abs. 1 — der auf die Grundschuld keine Anwendung findet — erwirbt der Eigentümer die Hypothek nicht von dem eingetragenen Gläubiger, sondern sie steht ihm ohne weiteres kraft Gesetzes zu (Fuchs S. 525). Die Forderung ist „nicht zur Entstehung gelangt", wenn das Darlehn nicht gegeben ist, wenn die aufschiebende Bedingung nicht eingetreten ist usw. Für den Grundbuchrichter kommt es auf den Grund des Nichtentstehens nicht an; ihm genügt es, wenn das Entstehen der Eigentümerhypothek durch öffentliche Urkunden nachgewiesen wird. Auf Grund der letzteren kann der Eigentümer die Post als Grundschuld abtreten oder sie gleichzeitig in eine Hypothek für ein neues Schuldverhältnis verwandeln, ohne sie auf seinen Namen umschreiben zu lassen. Die Hypothek steht demjenigen Eigentümer zu, der es war, als die Hypothek bestellt wurde, nicht etwa demjenigen, der es ist, wenn das Nichtvorhandensein der Hypothek festgestellt wird. Dem ersteren verbleibt sie auch, wenn er das Grundstück veräußert (Planck III S. 555). Kommt die Eigentümerhypothek nur für einen Teil der Hypothek zustande, so steht dieser im Range hinter dem dem Gläubiger verbleibenden Teile (§ 1176).

So lange das Grundbuch nicht berichtigt ist, kann der Gläubiger über die Post verfügen. Dies kann der Eigentümer durch Eintragung eines Widerspruches verhindern. Für die Briefhypothek bedarf es dann der Vorlegung des Briefes nicht, wenn die Eintragung auf Grund einer einstweiligen Verfügung beantragt wird und der Widerspruch sich auf § 1163 Abs. 1 stützt (§ 42 G.B.O.). Der Besitzer des Briefes ist — nötigenfalls durch Ordnungsstrafen (Ges. über d. freiw. G. § 33 und Pr. A.G. Art. 15—17) — zur Vorlegung des Briefes gerichtsseitig anzuhalten (§ 62 G.B.O.). Für die Buchhypothek, die für ein Darlehn bestellt ist, das nicht gegeben wurde, ist § 1139 B.G.B. zu beachten.

Eintragungsformel s. u. nach 3.

3. **Wenn die Forderung erlischt.**

Auch hier erwirbt der Eigentümer die Hypothek kraft Gesetzes. Am häufigsten erlischt die Forderung durch Befriedigung des Gläubigers (hier muß also eine Forderung zur Entstehung gelangt sein, sonst kann sie eben nicht erlöschen). Die übrigen selteneren Fälle des Erlöschens (durch Vereinigung infolge Erbganges, Erwerb des Grundstückes durch den Gläubiger usw.) müssen hier außer Betracht bleiben. Dagegen ist zu behandeln a) die Befriedigung durch den auch persönlich haftenden Eigentümer — der eigentliche Regelfall (§ 1177). Wenn der Gläubiger in einer öffentlichen Urkunde entweder anerkennt, daß die

Forderung erloschen sei oder die Umschreibung auf den Eigentümer bewilligt, so genügt dies in Verbindung mit dem Antrage des Eigentümers (§ 29 G.B.O.) zur Umschreibung auf ihn, sowie auch zur weiteren Verfügung über die Post. Eine bloße Löschungsbewilligung reicht nur zur Löschung aus und genügt zur Umschreibung nicht. Auch eine bloße Quittung kann nicht für ausreichend angesehen werden, es sei denn, daß sie den Vermerk enthielte, daß der Eigentümer bezahlt habe. Denn die Bezahlung kann ja auch durch einen Dritten, z. B. den Vorbesitzer des Grundstückes, erfolgt sein (s. § 1164). Weigert sich der Gläubiger, die erforderliche Erklärung abzugeben, so kann der Eigentümer klagen und die Sperrung des Grundbuches bezüglich der Post durch Widerspruch (durch einstw. Verf.) bewirken.

b) Wird der unbekannte Gläubiger im Wege des Aufgebotsverfahrens (s. §§ 1170 und 1171 B.G.B. und 986 C.P.O.) mit seinem Rechte ausgeschlossen, so gilt er als befriedigt. Der Hypothekenbrief wird kraftlos. Das ausgefertigte Ausschlußurteil ersetzt die Erklärung des Gläubigers.

Eintragungsformel **für die Fälle 2 und 3**:

Nr. 5. Sp. V. Die Post ist auf den Rentner Fritz Sorgenfrei zu Cöln umgeschrieben am 4. Januar 1904.

Ist Sorgenfrei zugleich der eingetragene Eigentümer, so ist es zweckmäßig, dies auszudrücken, z. B. so: „Die Post ist auf den eingetragenen Eigentümer Rentner F. S. übergegangen."

V.

1. Einzutr. ex tab. III[5] Sp. V. i. Grdb. Bl. . . .
2. Nachr. Eigent. Kosten.
3. „ bisher Gläub. (fällt bei 3b fort).
4. Hypothekenbrief mit Vermerk an Eigent. Quittg. (fällt bei 3b und naturgemäß bei Buchhypotheken fort).
5. Antrag u. Bewilligung a. a.

Der Eigentümer kann die Post in eine Hypothek mit anderen Bedingungen (nicht über 5% Zinsen ohne Zustimmung nachstehender Gläubiger!) für einen Dritten verwandeln, nicht aber, wenn er sie für sich behält. In der Erklärung muß er die Forderung des Dritten, der die Hypothek als Sicherung dienen soll, anerkennen.

Eintragungsformel: Sp. V. Nr. 5: 10000 Mk. — Die Post ist Eigentümergrundschuld geworden und umgewandelt in eine gewöhnliche Hypothek für ein Darlehen von gleicher Höhe mit fünf Prozent Jahreszinsen, sofort vollstreckbar gegen den jeweiligen Eigentümer. Unter Bezugnahme auf die Bewilligung vom 12. Dezember 1903 für den Wirt Franz Durst in Bonn eingetragen am 5. Januar 1904.

(Im Falle 3b mit dem Zusatze „Es ist ein Hypothekenbrief gebildet", wenn die alte Hypothek eine Briefhypothek war und die Bildung eines Briefes nicht ausgeschlossen ist.)

V.

1. Einzutr. ex tab. III[5] Sp. V. i. Grdb. Bl. . . .
2. Nachr. Eigent. Kosten.
3. H.brief mit Akt an Eigent. Quittg. (oder „H.brief bilden").
4. . . . Abschr. des Aktes a. a.
5. Antr. u. Erklärung (bezw. begl. Abschr. des Urteils) a. a.
6. Nachr. Durst.

Der Eigentümer kann auch einen Teil seiner Eigentümergrundschuld abtreten und den Rest behalten. Wird über den Rang nichts gesagt, so haben die Teile gleichen Rang. Anders liegt der Fall, wenn er nur einen Teil der Hypothek erworben hat. Dann behält die Resthypothek des Gläubigers kraft Gesetzes (§ 1176) den Vorrang. Ein Antrag, letzteres im Grundbuche für den Fall des Entstehens einer Teileigentümerhypothek bei der ersten Eintragung der Post einzutragen, ist abzulehnen, dagegen ist das Rangverhältnis bei Umschreibungen und Zessionen bez. der Teile zu vermerken.

Eintragungsformel a): Nr. 5 Sp. V.: 10000 Mk. — Die Post ist Eigentümergrundschuld geworden. Ein Teil derselben in Höhe von viertausend Mark ist mit Rang hinter dem Reste umgewandelt usw. (s. o.).

Eintragungsformel b): — Ein Teil der Post in Höhe von dreitausend Mark ist umgeschrieben auf den eingetragenen Eigentümer Fritz Sorgenfrei, Rentner in Cöln. Eingetragen am 4. Januar 1904 mit Rang hinter dem der Gläubigerin verbliebenen Reste;

oder c): Ein Teil der Post in Höhe von dreitausend Mark ist Eigentümergrundschuld geworden und mit Rang hinter dem Reste von siebentausend Mark umgewandelt in eine gewöhnliche Hypothek usw. (s. o.) für Franz Durst, Wirt in Bonn. Eingetragen am . . .

V. zu a.

1. Einzutr. ex tab. III[5] Sp. V. i. Grdb. Bl. . . .
2. Vermerk auf H.brief, an Eigent., Quittg., Kosten!
3. Teilbrief bilden über 4000 Mk., an Eigent., Quittg.
4. Nachr. bisher. Gläub.
5. „ dem neuen Teilgläub.
6. „ Eigent.
7. . . . Abschr. a. a.
8. Antr. u. Bewilligung a. a.

V. zu b.

1. Einzutr. ex tab. III[5] Sp. V. i. Grdb. Bl. . . .
2. Nachr. Eigent., Kosten!

3. Nachr. Gläub.
4. Vermerk auf H.brief, an Gläub., Quittg.
5. Antr. u. Bewilligung a. a.
event. 6. Teilbrief für Eigent. bilden, Quittg.

B. zu c.

1—5 wie zu b.
6. Teilbrief bilden mit Akt an Durst, Einschreiben!
7. ... Abschr. a. a.

4. **Briefhypothek**

steht bis zur Übergabe des Briefes an den Gläubiger die Hypothek dem Eigentümer zu, was auch für Briefgrund- und Rentenschulden gilt. Ist vereinbart, daß der Hypothekenbrief dem Notar oder dem Gläubiger selbst vom Grundbuchamte ausgehändigt werden soll, so steht die Hypothek, auch wenn die Übergabe noch nicht erfolgt ist, dem Gläubiger zu (§ 1117 Abs. 2). Steht die Hypothek noch dem Eigentümer zu, so muß er die Zustimmung des Gläubigers zu der Umschreibung beibringen und falls dieser sich weigert, klagen und die verurteilende Entscheidung dem Grundbuchamte vorlegen. Ohne Zustimmung (resp. Verurteilung) des eingetragenen Gläubigers kann das Grundbuchamt nicht verfahren. Der Eigentümer kann auch hier die Post umwandeln und abtreten usw., ohne daß er zuvor eingetragen zu werden braucht. S. übrigens die Entsch. des KG. (R. S. 362). Dort ist ausgeführt, daß der Gläubiger in der Form des § 29 G.B.O. erklären müsse, daß ihm der Brief nicht übergeben sei und ihm also das Gläubigerrecht nicht zustehe. Der Besitz des Briefes allein genügt dem Grundbuchamte gegenüber nicht zur Legitimation des die Umschreibung begehrenden Eigentümers. Der Antrag des letzteren bedarf wie in den unter 1—3 behandelten Fällen der Form des § 29 G.B.O.

Die Eintragungsformeln und Verfügungen s. o. unter 3.

5. **Der Fall des § 1143 B.G.B.**

Wenn der Eigentümer, der nicht der persönliche Schuldner ist (z. B. der Eigentümer, der sein Grundstück für eine fremde Schuld belastet hat), den Gläubiger (ganz oder teilweise) befriedigt, so geht die Forderung — und mit ihr die Hypothek (§ 1153) — auf ihn über und zwar kraft Gesetzes, aber nur soweit wie der Gläubiger befriedigt ist. Die Hypothek geht als Hypothek über und ist nur so lange sie dem Eigentümer verbleibt, Grundschuld (§§ 1177 u. 1197). Dies ist wichtig, wenn der Eigentümer die Post abtritt; dann braucht sie nicht erst in eine Hypothek verwandelt zu werden. Auch wenn der Eigentümer das Grundstück veräußert, behält er die Post als Hypothek. Voraussetzung ist, daß der Eigentümer den Gläubiger befriedigt, kein Dritter. Aus der vom

Gläubiger abzugebenden Erklärung (§ 29 G.B.O.) muß sich dieses ergeben (s. o. u. 3). Auch muß der Befriedigende zur Zeit der Befriedigung Eigentümer sein, wenn er auch nicht als solcher eingetragen zu sein braucht (Planck III S. 511).

Eintragungsformel a): Abt. III Nr. 5. — „Die Post ist auf (den eingetragenen Eigentümer) Fritz Durst, Wirt in Cöln, übergegangen. Eingetragen am ...

Eintragungsformel b): Die auf den Eigentümer Fritz Durst, Wirt in Cöln, übergegangene Hypothek ist abgetreten an den Rentner Franz Müller in Boppard. Eingetragen am ...

V. zu a.

1. Einzutr. ex tab. III⁵ Sp. V. i. Grdb. Bl. ...
2. Nachr. Eigent. Kosten!
3. „ bisher. Gläub.
4. H.brief mit Vermerk an Durst, Quittg.
5. Erklär. a. a.

V. zu b.

1—3 u. 5 wie zu a.
6. ... Abschr. der Zession a. a.
7. H.brief mit Vermerk u. Zession an Müller, Einschr.

6. **Der Fall des § 1164 B.G.B.**

Wenn der persönliche Schuldner, z. B. der Hauptschuldner, für dessen Schuld der Bürge Hypothek bestellt hat, den Gläubiger befriedigt, so erwirbt der Eigentümer (Bürge) die Hypothek, welche nun eine Eigentümergrundschuld wird. Wenn aber der persönliche den Gläubiger befriedigende Schuldner Ersatz von dem Eigentümer oder einem Rechtsvorgänger desselben fordern kann, so geht die Post auf den Schuldner über (§ 1164). Sie geht nur zum Teil auf ihn über, wenn er nur teilweise Ersatz fordern kann. Soweit dann die Post Eigentümergrundschuld geworden ist, steht sie im Range der Resthypothek nach. Auf Grund- und Rentenschulden findet § 1164 keine Anwendung. Dieselben Grundsätze gelten, wenn Forderung und Schuld sich in einer Person, namentlich durch Erbgang, vereinigen.

7. **Die Gesamthypothek.**

In den Fällen des § 1163 (s. o. 2, 3, 4) steht die Hypothek den Eigentümern der belasteten Grundstücke gemeinschaftlich zu, welche aber in der Regel Reduktion nach § 1172 Abs. 2 bewirken können. Befriedigt aber einer der Eigentümer den Gläubiger, so erwirbt er die Hypothek an seinem Grundstücke, auf denen der anderen Eigentümer erlischt die Hypothek. Er erwirbt die Gesamthypothek zu dem vollen Betrage, zu dem sie an seinem Grundstücke besteht, nicht nur in Höhe des dem Wertverhältnis entsprechenden Teilbetrages, § 1172 Abs. 2 (Planck III S. 575). Wenn auch die Hypothek auf den mitverhafteten Grundstücken erlischt, so muß die Löschung dort doch nach den allgemeinen Grundsätzen auf Grund öffentlich beglaubigter Urkunden vorgenommen werden; erlöschen und gelöscht werden sind verschiedene Dinge.

Verzichtet der Gläubiger auf die Gesamthypothek, so fällt sie den Eigentümern gemeinschaftlich zu; § 1172 Abs. 2 findet Anwendung (s. o.). Verzichtet der Gläubiger auf die Hypothek an einem der Grundstücke, so erlischt die Hypothek an diesem, wird also nicht Eigentümerhypothek. Der Verzicht ist ebenso zu behandeln wie oben (s. Nr. 1), bedarf also namentlich nicht der Zustimmung des Eigentümers. Die formelle Löschung erfolgt aber nur auf seinen Antrag (§ 29 G.B.O.). Auf den Mithaftblättern ist das Erlöschen der Mithaft zu vermerken.

Beispiel: Auf den Grundstücken Blatt 10 (Eigentümer Durst) und Blatt 15 (Eigentümer Satt) ruhen 1000 Mk. Gesamthypothek. Satt befriedigt den Gläubiger; er erwirbt nun die Hypothek auf Blatt 15, auf Blatt 10 erlischt sie und kommt zur Löschung.

Eintragungsformel: Abt. III Nr. 4: 1000 Mk. — Die Post ist umgeschrieben auf Heinrich Satt, Speisewirt zu Cöln. Auf Blatt 10 ist die Post gelöscht. Eingetragen am 14. Januar 1904.

Auf Blatt 10 Nr. 4: 1000 Mk. gelöscht am 14. Januar 1904.

V.

1. Einzutr. Bl. 15 Sp. V. Abt. III[4] ex tab. i. Grdb.
2. Zu löschen ex tab. III[4] Bl. 10.
3. Nachr. Eigentümern.
4. „ Gläub.
5. Antrag a. a.
6. H.brief mit Vermerk an Satt, Quittg., Kosten.

Daß Satt die Post umwandeln und abtreten kann, daß er auch in der Lage ist, sie als Grundschuld weiter abzutreten und zwar in allen Fällen ganz oder zum Teil, bedarf nicht der Erwähnung.

Zu Nr. 2—7: Man beachte, daß Zinsrückstände niemals Eigentümerhypothek werden können (§ 1178). Im voraus bezahlte Zinsen können Gegenstand einer Eigentümerhypothek werden, doch wird der Fall nur sehr selten vorkommen.

Anhang.

Die Pfändung der Eigentümerhypothek.

Das S. 82 unter 2b Ausgeführte gilt auch für die Eigentümerhypothek. Außerdem ist der § 857 C.P.O. zu beachten. Das Pfändungspfandrecht entsteht hier nur durch Briefübergabe bezw. Eintragung, nicht schon durch Zustellung des Pfändungsbeschlusses an den Eigentümerhypothekar (§ 830 Abs. 1 u. 2 C.P.O., Fuchs S. 492). Der Grundbuchrichter kann die Eintragung der Pfändung oder Überweisung nur vornehmen, wenn die Entstehung der Eigentümerhypothek durch öffentliche Urkunden nachgewiesen wird. Es ist also z. B. der Verzicht oder die Quittung, das Anerkenntnis usw. des Gläubigers vorzulegen, bei Briefposten auch der Brief. Sind die Posten nur teilweise Eigentümerhypotheken geworden, so ist in gleicher Weise darzutun, bis zu welchem Betrage diese entstanden sind (R. 4 S. 320 u. 486). Bei Buchhypotheken ist stets die Eintragung erforderlich. Die Zustellung an den Drittschuldner fällt naturgemäß fort, weil es bei der Eigentümergrundschuld einen solchen nicht gibt.

Der Eigentümer hat gegen den befriedigten Gläubiger bezw. gegen den Gläubiger, dem die Post nicht mehr zusteht, einen Berichtigungsanspruch. Diesen kann der Zwangsvollstreckungsgläubiger pfänden lassen, aber ein Recht an der Eigentümergrundschuld erwirbt er damit nicht, denn sonst würde der § 830 C.P.O., der die Eintragung der Pfändung für die Entstehung des Pfandrechtes verlangt, bedeutungslos werden (R. 7 S. 316).

Kann der Vollstreckungsgläubiger die Entstehung der Eigentümerhypothek nicht nachweisen, so kann seinem Antrage auf Eintragung nicht entsprochen werden. Da eine Vormerkung nicht angängig ist (ein obligatorischer Anspruch auf Einräumung eines Rechtes an dem Rechte liegt nicht vor — § 883 B.G.B.), bleibt ihm nur die Möglichkeit, mittels einstweiliger Verfügung die Verfügungsbeschränkung des Eigentümers zu bewirken (Turnau-F. I S. 751). Das wird ihm aber nur bei der Buchhypothek gelingen, bei der Briefpost aber regelmäßig an der Unmöglichkeit der Briefvorlegung scheitern (§ 42 G.B.O.). Übrigens ist dies nicht unbestritten und ein anderer Schriftsteller (Hoffmann in Lobes Zentralblatt 2 S. 639) meint, daß man den Gläubiger schon vor der Umschreibung der Post auf den Eigentümer gegen Vereitelung oder Beeinträchtigung seines Pfändungsanspruches bis zur Eintragung durch Eintragung eines Widerspruches gegen den eingetragenen Gläubiger und einer Vormerkung gegen den Eigentümer schützen könne. Zugegeben, daß dies möglich wäre, so bleibt das Hindernis des fehlenden Briefes (§ 42 a. a. O.) für die weitaus häufigsten Fälle trotzdem bestehen.

Ist im Grundbuche die Post auf den Eigentümer umgeschrieben oder der Verzicht des Gläubigers eingetragen, so bietet die Eintragung der Pfändung keine Schwierigkeiten.

Wegen der Eintragungsformel und Verfügung vgl. S. 82 2b (s. o.). Nur ist hier mit den Worten zu beginnen: „Die Post ist auf den Eigentümer übergegangen (und auf Grund des Pfändungs- und Überweisungsbeschlusses usw. für . . . gepfändet. Eingetragen“ usw.).

Neunter Abschnitt.

Die sonstigen Eintragungen in der Spalte Veränderungen.

1. Die Verpfändung einer Hypothek.

Zu beachten sind die §§ 1273, 1274. Notwendig ist die Eintragung im Grundbuche bei Briefhypotheken nicht; das Pfandrecht entsteht auch ohne diese, da die Bestellung des letzteren nach den Vorschriften über die Übertragung von Rechten erfolgt. Soll aber die Eintragung erfolgen, so ist die schriftliche Erklärung des verpfändenden eingetragenen (ist er nicht eingetragen, so muß er sich erst eintragen lassen) Gläubigers in der Form des § 29 G.B.O. vorzulegen und die Einreichung des Briefes erforderlich. S. a. § 26 Abs. 2. G.B.O. Bei Buchposten ist die Eintragung immer erforderlich (§§ 1154 Abs. 3 und 873, 1069, 1274, 1291 B.G.B.). Der § 26 G.B.O. findet dabei keine Anwendung. Zur Eintragung ist die Bewilligung der Eintragung des Pfandrechtes seitens des eingetragenen Gläubigers erforderlich (Turnau-Förster II S. 139). Wenn auch in den Gesetzen und Verordnungen keine Vorschrift darüber enthalten ist, empfiehlt es sich doch, wie im früheren Rechte das Rechtsverhältnis zu bezeichnen, welches durch die Verpfändung gesichert werden soll.

Eintragungsformel:

Nr. 3 Sp. V. 20000 Mk. — Die Post ist der Deutschen Bank zu Berlin zur Sicherheit für ihre Ansprüche aus dem Geschäftsverkehr mit N. (Name des Schuldners der Bank) bis zum Höchstbetrage von 18000 Mk. verpfändet (oder „für ein dem N. gegebenes Darlehn von 10000 Mk. nebst 5% Jahreszinsen verpfändet"). Eingetragen am 5. März 1903.

V.

1. Einzutr. ex tab. III³ Sp. V. i. Grdb. Bl. ...
2. Nachr. Eigent.
3. „ N., Kosten
4. „ Bank
5. H.Brief mit Vermerk u. Akt an die Bank, einschr.
6. ... Abschr. a. a.

Von Unterwerfung unter die sofortige Zwangsvollstreckung kann hierbei keine Rede sein, weil diese für das Grundbuch nur vom Eigentümer, nicht vom Gläubiger erklärt werden kann.

2. Die Teilung einer Post.

Hiervon war bereits S. 81 Beispiele 3—6 die Rede. Dort wurde die Teilung anläßlich einer Abtretung behandelt. Es kommen aber auch sonst Teilungen vor. Beispiel: Die Parzelle 1 Flur 10, groß 10 a ist mit 10000 Mk. belastet. Die Parzelle wird fortgeschrieben in die Parzellen $\frac{2}{1}$ groß 4 und $\frac{3}{1}$ groß 6 a. Die Hypothek soll nun mit 4000 Mk. auf $\frac{2}{1}$, mit 6000 Mk. auf $\frac{3}{1}$ lasten. Dann schreibt man so:

Nr. 1 — 10000 Mk. — Die Post ist so geteilt, daß auf Parzelle $\frac{2}{1}$ viertausend, auf Parzelle $\frac{3}{1}$ sechstausend Mark lasten. Eingetragen am 1. Mai 1904.

V.

1. Einzutr. ex tab. III^1 Sp. V. i. Grdb. Bl. ...
2. Vermerk auf H.Brief, mit Akt an Notar, Quittg.
3. Nachr. Eigent. Kosten!
4. „ Gläub.
5. ... Abschr. des Aktes a. a.

Zweites Beispiel: Die Post ruht als Gesamthypothek auf Parzelle 1 und 2 und soll geteilt werden (§§ 64, 68 und 69 G.B.O.).

Eintragungsformel:

Die Post ist so geteilt, daß auf Parzelle 1 viertausend, auf Parzelle 2 sechstausend Mark ruhen. Es sind zwei neue Briefe gebildet. Eingetragen am 1. Mai 1904.

V.

1. Einzutr. ex tab. III^1 Sp. V. i. Grdb. Bl. ...
2. Alter Brief kass. a. a.
3. Neuen Brief über 4000 Mk. bilden, alte Schuldurkunde anheften!
4. „ „ „ 6000 „ „ begl. Abschr. der alten Schuldurkunde anheften. Beide Briefe an Gläub., Quittg. (§ 68 Abs. 1 G.B.O. beachten!)
5. Nachr. Eigent. Kosten
6. „ Gläub.
7. ... Abschr. des Aktes a. a.

Drittes Beispiel: Eine Buchhypothek von 10000 Mk. ruht auf dem Grundbesitz Blatt 1 und Blatt 2. Sie soll ebenfalls geteilt werden.

Eintragungsformel:

Spalte Löschungen auf Blatt 1 III^1 „Sechstausend Mark gelöscht am 1. Mai 1904.“ Spalte V. zu III^1: „Die Post besteht hier nur noch in Höhe von 4000 Mk. Die Mithaft des Grundbesitzes Blatt 2 dieses Grundbuches ist erloschen. Eingetragen am 1. Mai 1904.“

Auf Blatt 2: Sp. Lösch. „Viertausend Mark gelöscht am 1. Mai 1904“ Sp. V. „Die Post besteht hier nur noch in Höhe von 6000 Mk. Die Mithaft des Grundbesitzes Blatt 1 dieses Grundbuches besteht nicht mehr. Eingetragen am 1. Mai 1904.“

V.

1. Einzutr. ex tab. III^1 Sp. V. u. Teillöschg. III^1 Bl. 1
2. „ „ „ „ „ „ „ „ „ „ „ 2

3. Nachr. Eigent., Kosten!
4. " Gläub., Akten an ihn, Quittg.
5. ... Abschr. a. a.

Bei einer Briefhypothek würde außerdem wie oben im zweiten Beispiele angegeben, zu verfahren sein. Bei der Verteilung der Gesamtbriefhypothek erfolgt stets die Bildung der neuen Briefe von Amts wegen, falls nicht die Erteilung ausgeschlossen wird. Die Erteilung wie auch der Ausschluß sind in der Eintragungsformel zu erwähnen (§ 64 u. § 68 Abs. 3 G.B.O.).

3. Die Erteilung eines neuen Briefes.

Nach § 67 G.B.O. muß dem Antrage des Gläubigers auf Ausfertigung eines neuen Briefes entsprochen werden, wenn der alte Brief oder in den Fällen der §§ 1162, 1170, 1172 B.G.B. das Ausschlußurteil vorgelegt wird. Die Absicht des Gesetzes ist, an die Stelle eines beschmutzten, beschädigten oder infolge zahlreicher Vermerke unübersichtlich gewordenen Briefes einen neuen zu setzen, nicht etwa Wünschen, die sich auf solche Gründe nicht stützen können, Erfüllung zu verschaffen. Es ist bestritten, ob das Grundbuchamt solche unbegründete Anträge ablehnen kann. Es wird aber selten in die Lage kommen, denn die Erteilung eines neuen Briefes ist mit nicht unerheblichen Kosten verknüpft. Der neue Brief muß den Vermerk enthaten, daß er an die Stelle des alten tritt. Zur Sicherung des Eigentümers sind die Vermerke, welche nach §§ 1140, 1145, 1157 B.G.B. für das Rechtsverhältnis zwischen Eigentümer und Gläubiger in Betracht kommen, auf den neuen Brief zu übertragen; dies gilt auch für Privatvermerke dieser Art. Die Erteilung des Briefes ist auf dem Grundbuchblatte neben der Post zu vermerken. Der alte Brief wird unbrauchbar gemacht und entweder bei den Grundakten behalten — dies ist wohl das zweckmäßigste — oder dem Einreicher zurückgegeben. Die Rückgabe ist übrigens nur bezüglich der **Schuldurkunde** vorgeschrieben. Aber auch diese unterbleibt, wenn die Urkunde zur Bildung des neuen Briefes nötig ist, dem sie dann angeheftet wird. Die Kassierung bezieht sich immer nur auf den Brief, die Urkunde ist stets abzutrennen (§ 69 G.B.O.). (Vorstehendes gilt auch für den Grundschuldbrief.) Die Mitwirkung des Eigentümers in obigen Fällen nicht erforderlich. Der Antrag des Gläubigers bedarf nicht der Form des § 29 G.B.O.

Eintragungsformel:

Nr. 5 — 3000 Mk. Sp. V. An Stelle des bisherigen ist ein neuer Hypothekenbrief erteilt. Eingetragen am 4. Mai 1904.

V.

1. Einzutr. ex tab. III⁵ Sp. V. i. Grdb. Bl. ...
2. Nachr. Eigent.
3. " Gläub.

4. Alter Brief kass. a. a.
5. Neuen Brief bilden mit Vermerk § 68 Abs. 1 G.B.O. und angeheft. Schuldurkunde an Gläub., Kosten.
6. Antr. a. a.

4. Die Erteilung eines Briefes über mehrere Hypotheken.

Über mehrere Hypotheken desselben Gläubigers, welche gleichen Rang haben oder unmittelbar aufeinander folgen, kann auf Antrag des Gläubigers unter Zustimmung des Eigentümers ein sämtliche Hypotheken umfassender Brief ausgestellt werden. Die Erteilung des Briefes ist im Grundbuche zu vermerken. (Die Aufeinanderfolge ist auch dann vorhanden, wenn dazwischenstehende Posten gelöscht sind.) Es müssen aber lauter Briefhypotheken sein; über Briefhypotheken und Briefgrundschulden kann ein gemeinschaftlicher Brief nicht gebildet werden. Während der Antrag des Gläubigers formlos gestellt werden kann, bedarf die Zustimmungserklärung des Eigentümers der Form des § 29 G.B.O. Waren alle Hypotheken oder einige derselben Buchhypotheken, so muß die Aufhebung der Ausschließung des Briefes in der Form des § 29 das. vom Gläubiger und dem Eigentümer erklärt werden. Bestehen bereits Briefe, so sind diese zu vernichten (s. o. unter 3). § 68 Abs. 1 ist auch hier zu beachten.

Eintragungsformel zu Post 1, 2, 3, 4 Abt. III Sp. V. „Über diese Posten ist dem Gläubiger ein gemeinschaftlicher Brief erteilt. Eingetragen am 28. Februar 1904."

V.

1. Einzutr. ex tab. III $^{1-4}$ Sp. V. Grdb....
2—5. wie oben zu 3.
6. Antr. u. Erklärg. des Eigent. a. a.

Wenn z. B. die vierte Post erst Briefhypothek werden soll, lautet die Eintragung so: III ^{4} Sp. V. „Die Ausschließung der Erteilung eines Hypothekenbriefes ist aufgehoben. Über diese Post und die unter 1—3 eingetragenen ist dem Gläubiger ein gemeinschaftlicher Brief erteilt. Eingetragen am 1. Mai 1904," und bei Nr. 1—3: „Über diese Posten und die Post 4 ist ein gemeinschaftl. usw. ...

V.

1. Einzutr. ex tab. III $^{1-3,4}$ i. Grdb. Bl.
2. Briefe III $^{1-3}$ kass. a. a.
3. Neuen Brief 1—4 bilden, Schuldurkunden anheften, an Gläub. Quittg. Kosten.
4. Antr. u. Erkl. a. a.
5. Nachr. Eigent.

Wird die vierte Post erst eingetragen, so kommt der Vermerk bei 4 in die Hauptspalte 1—3 in die Spalte Veränderungen.

Eintragungsformel:

III⁴ 1000 Mk. Darlehn, mit 5 Prozent usw. Über diese und die unter Nr. 1—3 eingetragene Posten ist ein gemeinschaftl. Brief erteilt. Eingetragen am ...

Und zu 1—3 Sp. V. wie oben angegeben.

V.

1. Einzutr. ex tab. III⁴ i. Grdb. Bl. ...
2. „ „ „ III¹⁻³ Sp. V. das.
3. Briefe III¹⁻³ kass. a. a.
4. Brief über III¹⁻⁴ bilden, Schuldurkunden anheften, an Gläub., Quittg.
5. Nachr. Eigent.
6. „ Gläub.
7. ... Abschr. a. a
8. Kosten von ...

5. Die Eintragung eines Widerspruches (§ 1139 B.G.B.).

Bereits S. 18 und S. 89 war von der Eintragung eines Widerspruches die Rede, welche teils auf Grund einer einstweiligen Verfügung, teils von Amts wegen erfolgt. Hier handelt es sich um die Eintragung auf Grund eines einseitigen Antrages des Eigentümers, welcher eine **Buchhypothek** (nur diese kommt hier in Betracht) eintragen ließ. Der Antrag bedarf der Form des § 29 G.B.O., was nicht unbestritten, aber mit Fuchs S. 453 und Turnau-Förster I S. 692 zu bejahen ist, weil sich Rechtswirkungen an die Ausführung des Antrages knüpfen und weil, wie Turnau es treffend ausdrückt, „der Antrag nicht die Erklärung des Eigentümers ersetzt, sondern die Erklärung selbst ist" (§ 30 G.B.O.). Bei der kurzen Frist des § 1139 ist dem Grundbuchrichter die sofortige Eintragung des Widerspruches zu zu empfehlen. Die Formel kann kurz so lauten:

Sp. V. Nr. 5. 1000 Mk. Der Eigentümer hat wegen unterbliebener Zahlung des Darlehns Widerspruch erhoben. Eingetragen am 1. Mai 1904.

V.

1. Einzutr. ex tab. III⁵ Sp. V. Grdb. Bl. ...
2. Nachr. Eigent. Kosten.
3. „ Gläub.
4. Antr. a. a.

Zehnter Abschnitt.

Die Grundschuld.

Die Grundschuld ist eine Belastung des Grundstückes, die nur auf rechtsgeschäftlichem Wege und also nur durch Einigung des Berechtigten und des Eigentümers und durch Eintragung in das Grundbuch nach Bestimmung des § 873 B.G.B. begründet werden kann (Turnau-Förster I S. 870). Die Grundschuld soll dem Gläubiger eine bestimmte Geldsumme aus dem Grundstücke verschaffen; auf das Grundstück, nicht auf die Person des Schuldners kommt es an. Ebenso ist die Grundschuld auch nicht an eine Forderung geknüpft, wie die Hypothek. Sie kann zur Sicherung einer Forderung vereinbarungsgemäß dienen, dies ist aber keine Grundlage für die Begründung des Rechtes. Die Grundschuld kann mit Zinsen und Nebenleistungen, bedingt oder betagt eingetragen werden. Weitaus die meisten Bestimmungen über die Hypothek finden auch auf die Grundschuld Anwendung. Wo dies nicht der Fall ist, ist es schon hervorgehoben. Die Vorschriften über die Eigentümerhypothek finden nur zum Teil Anwendung. Die Grundsch. geht auf den Eigentümer nur über, wenn der Gläubiger auf sie verzichtet oder mit seinem Rechte ausgeschlossen wird, und wenn der Eigentümer den Gläubiger selbst befriedigt. Bei der Briefgrundschuld steht die Grundschuld dem Eigentümer zu, solange er den Brief noch nicht übergeben hat. Von dem Grundsatze, daß die Einigung erforderlich sei, macht § 1196 eine Ausnahme. Der Eigentümer kann nämlich den Antrag stellen (§ 29 G.B.O.), daß eine Grundschuld für ihn selbst eingetragen werde. Die Erklärung des Eigentümers ist dem Grundbuchamte gegenüber — nicht notwendig vor ihm — abzugeben. Wie alle Grundschulden kann auch diese eine Buch- oder Briefgrundschuld sein. Während jeder andere Grundschuldgläubiger zum Zwecke seiner Befriedigung (nur) die Zwangsversteigerung und Zwangsverwaltung betreiben kann, kann der Eigentümer als Grundschuldgläubiger die Zwangsvollstreckung (gegen sich selbst) nicht betreiben (§ 1197). Das Kapital der Grundschuld wird erst nach vorgängiger Kündigung fällig, die sowohl dem Eigentümer als dem Gläubiger zusteht. Die Frist beträgt sechs Monate; abweichende Bestimmungen sind zulässig. Nur letztere sind einzutragen, denn wenn nichts Abweichendes eingetragen ist, gilt die sechsmonatliche gesetzliche Frist.[1]) Eine Grundschuld kann in der Weise bestellt werden, daß der Grundschuldbrief auf den Inhaber ausgestellt wird. **Vorsicht!!** Die staatliche Genehmigung ist nämlich in Preußen erforderlich, wenn Schuldverschreibungen auf den Inhaber (§ 1195 Satz 2) ausgegeben und in Verkehr gebracht werden sollen (Art. 8 der Verord. v. 16. November 1899). Die Ansichten gehen hier auseinander, doch ist an der Ansicht des Kammergerichts R 1 S. 104 festzuhalten, daß auch die Eintragung unterbleiben muß, bis die staatliche Genehmigung nachgewiesen ist. Ist gleichwohl die von Fuchs und Biermann für zulässig gehaltene Eintragung erfolgt, so ist der Grundbuchrichter doch vor der Aushändigung des

[1]) Die Bezugnahme auf die Eintragungsbewilligung genügt auch schon.

Briefes an den Gläubiger oder an den Eigentümer zu warnen! Er würde sich sonst großen Unannehmlichkeiten aussetzen.

Eine Grundschuld kann in eine Hypothek, eine Hypothek kann in eine Grundschuld verwandelt werden. Es bedarf hierzu der Erklärung des Eigentümers und des Gläubigers in der Form des § 29 G.B.O. Der Brief ist vorzulegen. Wird nicht ein neuer Brief beantragt, so ist die Umwandlung auf dem eingereichten Briefe zu vermerken. Wird eine Hypothek in eine Grundschuld verwandelt, so ist die Schuldurkunde abzutrennen. Auch eine Sicherungshypothek kann in eine Grundschuld und umgekehrt verwandelt werden. (Mit der Umwandlung ist nicht zu verwechseln die Verwandlung aus § 1177 G.B.O.) Mit der Umwandlung kann auch ein Gläubigerwechsel verbunden werden. Wird eine Buchhypothek in eine Grundschuld oder eine Buchgrundschuld in eine Hypothek umgewandelt, so bleibt die Erteilung eines Briefes ausgeschlossen, wenn nicht die Ausschließung aufgehoben wird (Fuchs S. 672).

In die Eintragungsformel ist zweckmäßig das Wort „Grundschuld" zu setzen (s. a. das gesetzliche Formular Nr. 6 Abt. III), wenn auch eine darauf bezügliche Vorschrift nicht existiert. Die Unterwerfung unter die sofortige Zw. ist zulässig (§ 800 C.P.O.), wenn auch das gesetzliche Formular III 6 nichts davon enthält. Die Bezugnahme auf die Bewilligung fehlt ebenfalls im gesetzlichen Formular.

1. Grundschuld mit Brief für einen Dritten bestellt.
Eintragungsformel:

Abt. III Nr. 2. 1000 Mk. (i. W.) Grundschuld, mit fünf Prozent fürs Jahr verzinslich. Die sofortige Zwangsvollstreckung ist gegen den jeweiligen Eigentümer zulässig. Unter Bezugnahme auf die Bewilligung vom 3. eingetragen am 6. Mai 1904 für den Rentner Friedrich Schmitz zu Cöln.

V.

1. Einzutr. ex tab. III² i. Grdb.
2. . . . Abschr. a. a.
3. Grdschbrief. bilden, an Eigent., Quittg.
4. Nachr. Eigent., Kosten.
5. „ Gläub.

2. Briefgrundschuld für den Eigentümer Fritz Klein.
Abt. III Nr. 2. 5000 Mk. (i. W.) Grundschuld mit fünf Prozent fürs Jahr verzinslich. Die sofortige Zwangsvollstreckung ist gegen den jeweiligen Eigentümer zulässig.[1]) Unter Bezugnahme auf die Bewilligung vom 4. Januar 1904 eingetragen für den Wirt Fritz Klein[2]) zu Cöln am 3. Februar 1904.

---

[1]) Bedeutungslos, solange der Eigentümer der Gläubiger ist.

[2]) Der Eigentümer ist zu bezeichnen! Eine Eintragung „für den eingetragenen Eigentümer" ist unzulässig.

V.

Wie oben 1—4 (5 fällt weg).

3. Buchgrundschuld für einen Dritten.

Eintragungsformel:

Nr. 3. 4000 Mk. (i. W.) Grundschuld, mit fünf Prozent Jahreszinsen. Ohne Grundschuldbrief unter Bezugnahme auf die Bewilligung vom 3. eingetragen am 4. Mai 1904 für den Oberlehrer Wilhelm Schütte in Cöln.

V.

1. Einzutr. ex tab. III³ Sp. V. i. Grdb.
2. Nachr. Eigent., Kosten.
3. „ u. Akt an Gläub., Quittg.
4. ... Abschr. des Aktes a. a.

4. Umwandlung einer Buchgrundschuld in eine Briefhypothek mit Zession.

Eintragungsformel:

Nr. 3 Sp. V. 4000 Mk. Die Grundschuld ist in eine Hypothek für ein Darlehn von gleicher Höhe nebst fünf Prozent Zinsen umgewandelt. Es ist ein Hypothekenbrief gebildet. Abgetreten an den Rentner Fritz Sorgenfrei zu Cöln. Eingetragen am 1. Juni 1904 unter Bezugnahme usw.

V.

1. Einzutr. ex tab. III³ Sp. V. i. Grdb.
2. H.brief bilden, Akt. anheften, an Notar, Quittg.
3. Nachr. Eigent., Kosten.
4. „ bisher. Gläub.
5. ... Abschr. des Aktes a. a.
6. Nachr. Sorgenfrei.

In den sonstigen Fällen richte man sich mut. mutand. nach den Beispielen der vorigen Abschnitte.

Elfter Abschnitt.

Die Rentenschuld.

Die Rentenschuld kommt recht selten vor. Unter den etwa 60000 Sachen, die von den Grundbuchämtern in Cöln seit 1. Januar 1900 bearbeitet sind, befinden sich kaum zehn Rentenschulden. Ob sie sich überhaupt einbürgern wird? Sie ist eine Art der Grundschuld und besteht darin, daß eine solche in der Weise bestellt wird, daß in regelmäßig wiederkehrenden Terminen eine bestimmte Geldsumme[1]) aus dem Grundstücke zu zahlen ist. Bei der Bestellung ist der Kapitalbetrag

[1]) Die Leistungen an den einzelnen Terminen brauchen nicht gleich zu sein.

zu bestimmen, durch dessen Zahlung die Rentenschuld abgelöst werden kann. Dieser Betrag ist im Grundbuche anzugeben. Das Ablösungsrecht hat nur der Eigentümer, niemals, auch nicht vertraglich, der Gläubiger. Von der Grundschuld im engeren Sinne unterscheidet sich somit die Rentenschuld dadurch, daß nur die Entrichtung der Rente gefordert werden kann, die Zahlung des Kapitals aber nur dann, wenn der Eigentümer die Schuld zur Ablösung kündigt. Letztere Befugnis kann nur für höchstens 30 Jahre ausgeschlossen werden, in Preußen nur für 20 Jahre (A.G. z. B.G.B. Art. 32). Man verwechsle die in Abt. III einzutragende Rentenschuld, über die regelmäßig ein Brief gebildet wird, nicht mit der in Abt. II einzutragenden Reallast = Rente, über die eine grundbuchamtliche Urkunde nicht ausgestellt wird! Die Renten schuld kann auf den Eigentümer übergehen; die abgelöste Renten last kann dies nicht; sie kann nur gelöscht werden. Die Rentenschuld kann für den Eigentümer bestellt werden. Dies ergibt sich daraus, daß die Vorschriften über die Grundschuld auch für die Rentenschuld gelten. Eine Rentenschuld kann in eine gewöhnliche Grundschuld umgewandelt werden und umgekehrt. Die rechtsgeschäftliche Umwandlung ist nicht mit der Ablösung zu verwechseln. Die abgelöste Rentenschuld bleibt Rentenschuld (Fuchs, S. 683).

Das Kammergericht (R 1 S. 191) bezeichnet eine Rentenschuld als unzulässig, wenn die Rente zu einem Teile dazu bestimmt ist, die Ablösungssumme zu mindern, also das Kapital zu tilgen. In dem Rentenschuldbriefe ist übrigens die Ablösungssumme anzugeben. Fehlt letztere in der Eintragungsbewilligung, so ist die Eintragung abzulehnen. Rückständige Renten können nicht auf den Eigentümer übergehen (§§ 1178, 1197).

Einzutragen ist: der Geldbetrag der Rente, der Fälligkeitstermin, der Gläubiger und die Ablösungssumme.

Eintragungsformel:

Abt. III Nr. 1. — 150 Mk. (i. W.) vom 1. April 1904 ab an den Kalenderquartalsersten zu zahlende Rentenschuld, ablösbar mit zwölftausend Mark. Für die Landesbank der Rheinprovinz zu Düsseldorf unter Bezugnahme auf die Bewilligung vom 20. Mai 1904 eingetragen am 3. Juni 1904.

V.

1. Einzutr. ex tab. III[1] i. Grdb.
2. Rentenschuldbr. bilden, an Gläub. einschr.
3. Nachr. Gläub.
4. „ Eigent., Kosten!
5. . . . Abschr. a. a.

Zwölfter Abschnitt.

Die Löschung der Eintragungen in Abt. III.

I. Die Löschung der in der Hauptspalte eingetragenen Hypotheken usw. erfolgt auf Antrag; ferner auch auf Ersuchen einer zuständigen Behörde. Der Antrag kann von dem Eigentümer, aber auch von dem Gläubiger gestellt werden, wenn er die zur Löschung erforderlichen, in der Form des § 29 G.B.O. ausgestellten Erklärungen beifügt. Erforderlich ist die Quittung oder die Löschungsbewilligung oder der Verzicht des Gläubigers und die Zustimmung des Eigentümers, und wenn das Recht mit dem Rechte eines Dritten belastet ist (Nießbrauch, Pfandrecht usw.) auch die Zustimmung des Dritten. Ersucht eine Behörde um Löschung, so ist die Mitwirkung des Eigentümers wie auch des Gläubigers nicht erforderlich. Handelt es sich um eine verbriefte Eintragung, so ist der Brief einzureichen; ist dieser verloren gegangen, so muß das Ausschlußurteil vorgelegt werden.

Vorstehendes gilt auch für Teillöschungen und auch für die Herabsetzung des Zinsfußes (s. S. 110). Teillöschungen sind in Buchstaben zu wiederholen. Wenn der zu löschende Teil den letzten Rest der Post bildet, diese also nun ganz zur Löschung kommt, kann hiervon abgesehen werden.

1. Der Gläubiger.

Nur der eingetragene Gläubiger kann die Löschung bewilligen. — Ausnahmen: Der Erbe, auch der Erbeserbe (§ 41 G.B.O.), der Briefhypothekar, der im Besitze des Briefes und einer zusammenhängenden Reihe öffentlich beglaubigter oder aufgenommener Abtretungserklärungen ist — alle können Löschungsbewilligung erteilen, ohne als Gläubiger eingetragen zu sein. Auch der Testamentsvollstrecker kann dies, ohne daß er erst die Eintragung der Erben zu betreiben braucht. Auch der Eigentümerhypothekar (§§ 1143 und 1163) kann die Löschung bewilligen, ohne daß seine zuvorige Eintragung als Gläubiger erforderlich ist. Sind mehrere Gläubiger vorhanden, so müssen alle die Bewilligung erteilen. Der Vorerbe bedarf zu der Löschung einer Nachlaßhypothek der Zustimmung des Nacherben, ohne welche das Grundbuchamt nicht löschen darf. Der Vormund bedarf zur Einziehung der Hypotheken usw. der Genehmigung des Gegenvormundes, der Pfleger eines Minderjährigen, wenn ein Gegenvormund nicht bestellt ist, der Genehmigung des Vormundschaftsgerichtes (§§ 1812 und 1915). War der Brief nach § 1818 hinterlegt, so ist Genehmigung des Vormundschaftsgerichtes erforderlich. Durch die Genehmigung des letzteren kann in allen Fällen die des Gegenvormundes ersetzt werden. Der Inhaber der elterlichen Gewalt braucht die gerichtliche Genehmigung zur Löschung der auf den Namen des Kindes eingetragenen Hypothek nicht (§ 1643). Ist der Mutter ein Beistand bestellt, so muß dieser der Löschungsbewilligung zustimmen. Der Grundbuchrichter ist nicht verpflichtet, in allen Fällen, wo eine Mutter eine Löschungsbewilligung erklärt, zu untersuchen, ob ein Beistand bestellt sei. Er hat hier nach verständigem Ermessen zu verfahren (R 5 S. 5). Ist die Post für Ehegatten eingetragen, so kommt es auf das Güterrecht an, ob die Frau mitwirken muß oder nicht. Sind die Eheleute in Gütergemeinschaft eingetragen, so genügt die Bewilligung des Ehemannes. Dasselbe gilt für die Fälle §§ 1—4 Art. 56 A.G. z. B.G.B. für das rheinische Rechtsgebiet. — Besondere Vorsicht ist bei den Löschungsbewilligungen der Vorstände der Aktiengesellschaften, offenen Handelsgesellschaften, Gesellschaften m. b. H. und Genossenschaften geboten. Man prüfe an der Hand der neuesten Registerauszüge resp. des Handelsregisters usw. eingehend die Vertretungsbefugnis der die Löschung bewilligenden Personen, falls solche nicht gerichtskundig sind.

2. Der Eigentümer.

Nur der **eingetragene** oder seine Eintragung gleichzeitig erlangende Eigentümer kann der Löschung zustimmen (§ 27 G.B.O.); Ausnahme: der Erbe, auch der Erbeserbe, der Testamentsvollstrecker (§ 40 G.B.O.). Sind mehrere Eigentümer vorhanden, so müssen alle mitwirken. Der Vorerbe kann den Löschungsantrag ohne Mitwirkung des Nacherben, der Vormund ohne den Gegenvormund, die Mutter ohne den Beistand stellen. Ist die Post aber als Eigentümergrundschuld umgeschrieben, so gilt von der Zustimmung des Beistandes, Genehmigung des Gerichts usw. das oben für den Gläubiger Gesagte. Was unter 1 über die Legitimation der Gesellschaftsvorstände usw. und über die Stellung des Ehemannes gesagt ist, gilt auch für den Fall, daß diese resp. die Ehegatten als Eigentümer eingetragen sind. Erforderlich ist immer die Zustimmung desjenigen Eigentümers, zu dessen Eigentumszeit die Befriedigung erfolgt ist (R 3 S. 224).

Bezüglich der Löschungsbewilligungen der öffentlichen Sparkassen und der Pfarrgemeinden (Kirchenvorstände) s. S. 11. Man beachte noch, daß die Erklärungen des Gläubigers wie des Eigentümers durch sie verurteilende rechtskräftige Entscheidungen — aus vorläufig vollstreckbaren kann nur das Recht auf Löschung vorgemerkt werden — ersetzt werden.

Beispiel a. Eine Briefhypothek von 1000 Mk. Abt. III Nr. 1 soll ganz gelöscht werden.

Eintragungsformel:

Abt. III Nr. 1 Sp. Lösch. — 1000 Mk. gelöscht am 4. Januar 1904.

Beispiel b. Die Post ist verpfändet. Vorgelegt ist die Bewilligung des Gläubigers, des Eigentümers und des Pfandgläubigers.

Eintragungsformel:

Abt. III Nr. 1 Sp. Lösch. — 1000 Mk. gelöscht am 4. Januar 1904.

(Eines besonderen Löschungsvermerkes bez. des Pfandrechtes bedarf es nicht; er wird ebenfalls rot unterstrichen.)

V.

1. Zu lösch. ex tab. III[1] i. Grdb. Bl. ...
2. H.brief kassiert an Eigent., Kosten!
3. Nachr. Eigent.
4. „ Gläub.
und zu Beispiel b: auch dem Pfandgläubiger.
5. Die Antr. a. a.

Beispiel c. **Teillöschung** einer Briefhypothek von 1000 Mk. um 300 Mk.

Eintragungsformel:

Sp. Lösch. III[1]. — Dreihundert Mark gelöscht am 4. Juni 1904.

V.

1. Teillöschung ex tab. III[1] i. Grdb. Bl. ...
2. Nachr. Eigent. Kosten!
3. „ Gläub.
4. Vermerk auf H.brief, an Notar, Quittung.
5. Antr. a. a.

Beispiel d. Teillöschung einer verpfändeten Briefpost von 1000 Mk. um 300 Mk.

Vermerk wie zu c. Der Verpfändungsvermerk bleibt unangetastet. Die Zustimmung des Pfandgläubigers zu der Teillöschung muß vorliegen.

V.

wie c 1—5.

6. Nachr. Pfandgläubiger.

Der Brief geht an den Notar, sonst an den Pfandgläubiger.

Beispiel e. Eingetragen sind 1000 Mk. Hiervon sind 300 Mk. an A., 400 Mk. an B. abgetreten. Die dem ursprünglichen Gläubiger Müller noch zustehenden 300 Mk. sollen gelöscht werden.

Eintragungsformel:

III[1]. 300 Mk. — Dreihundert Mark — Forderung Müller — gelöscht am 4. Mai 1904.

V.

1. Teillöschung III[1] ex tab. i. Grdb. Bl. ...
2. H.brief (es ist der alte Brief mit dem Vermerke „noch gültig auf 300 Mk.) kassiert an Eigent., Quittung.
3. Nachr. Müller.
4. „ Eigent., Kosten.
5. Antr. a. a.

Die Löschung von Buchhypotheken, Buch- und Briefgrundschulden und von Sicherungshypotheken erfolgt in gleicher Weise, nur daß bez. eines Briefes nichts zu verfügen bleibt. Die Löschung einer Gesamthypothek ist auf allen Blättern zu vollziehen, wenn die Eigentümer aller belasteten Grundstücke den Löschungsantrag gestellt haben. Wird eine Teillöschung infolge Freigabe eines der belasteten Grundstücke erforderlich, so ist nach Abschnitt 6 II (s. o.) zu verfahren. Die Löschung einer **Vormerkung** erfolgt entweder auf Antrag des Eigentümers mit Bewilligung des Gläubigers, also in der gewöhnlichen oder in der Weise, wie unter II (s. u.) für den Widerspruch angegeben ist (§ 22 G.B.O.).

II. Die Löschung in den Unterspalten. Auch hier ist, falls nicht von Behörden um Löschung ersucht wird, die Form des § 29 G.B.O. zu wahren. Die Löschung erfolgt in der Unterspalte (bei dem neuen Formular in Spalte 8) und bezieht sich stets nur auf das, was in der Spalte Veränderungen (Sp. 7) eingetragen steht. Der Löschungsvermerk, der unmittelbar neben das zu löschende Recht und in gleicher Höhe mit ihm zu schreiben ist, lautet stets: „gelöscht am . . .“ In dieser Weise werden Verpfändung und Nießbrauch gelöscht. Der Hypothekenbrief ist beizufügen, damit die Löschung darauf vermerkt werden kann (§ 42 G.B.O. Auch Löschungen sind Eintragungen im Sinne des Gesetzes). Die Löschung setzt die Bewilligung des Berechtigten (Pfandgläubigers, Nießbrauchers usw.) und die Zustimmung desjenigen voraus, dem die Hypothek usw. zusteht (§ 27 Abs. 2 G.B.O.). Die Mitwirkung des Eigentümers ist nicht erforderlich. Er erhält aber stets Nachricht (§ 55 G.B.O.). Wenn ein Mithaftvermerk eingetragen ist, z. B. „1000 Mk. Diese Post ist zur Mithaft nach Blatt 10 übertragen“, der zu löschen ist, weil die Post auf Blatt 10 gelöscht ist, so kann man den Mithaftvermerk in Sp. 8 löschen; man kann aber auch unter denselben (indem man ihn bestehen läßt) die Worte setzen: „Die Mithaft des Blattes 10 ist erloschen. Eingetragen am . . .“ Beide Verfahrensarten sind zulässig und zweckmäßig.

Ist ein **Widerspruch** zu löschen, der auf Grund einer einstweiligen Verfügung eingetragen war, so bedarf es nicht der Bewilligung des Berechtigten, wenn die einstweilige Verfügung durch eine vollstreckbare Entscheidung aufgehoben ist (§ 25 G.B.O. u. § 708 Nr. 5 C.P.O.). Der Antrag, den außer dem Gläubiger und Eigentümer auch der durch die Eintragung Begünstigte stellen kann, bedarf der Beglaubigung nicht, wenn die vollstreckbare Ausfertigung beigefügt ist. Zur Löschung einer **Verfügungsbeschränkung** bedarf es der Bewilligung desjenigen nicht, dessen Recht von der Berichtigung betroffen wird, wenn die Unrichtigkeit nachgewiesen wird, und diese wird nachgewiesen, wenn dem formlosen Antrage (s. o.) die vollstreckbare Entscheidung beigefügt ist, durch welche die Verfügungsbeschränkung aufgehoben wird (§ 22 G.B.O.). Die Löschung erfolgt in den bezeichneten zwei Fällen in der Unterspalte (8).

V.

1. Zu lösch. ex tab. III Untersp. i. Grdb. Bl. ...
2. Nachr. Eigent.
3. „ Gläub.
4. „ Berecht.
5. H.brief mit Vermerk an Gläub., Quittg.
6. Antr. (bezw. begl. Abschr. des Urteils) a. a.
7. Kosten von ...

Ergänzungen.

1. Bei Bestellung von Hypotheken wird zuweilen ein über sechs Prozent hinausgehender Zinsfuß festgesetzt, sei es, daß von vornherein über 6 % ausgemacht sind, sei es, daß nur im Falle des Verzuges eine Erhöhung über 6 % hinaus eintreten soll. Dies ist einzutragen. Die Eintragung ist aber abzulehnen, wenn das Kündigungsrecht des Schuldners entgegen der Vorschrift des § 247 B.G.B. geregelt ist.

2. Wenn eine vorgehende Post mit mehr als 5 % verzinslich ist, so ist dies auf dem Hypothekenbriefe in dem Verzeichnis der vorgehenden Posten zu vermerken.

3. Zu Seite 72 o. Wenn der Zinsfuß durch neue Abrede über fünf Prozent hinaus festgesetzt wird — auch dann, wenn die Erhöhung nur eventuell Platz greifen soll — so ist die Eintragung in der Spalte Veränderungen in folgender Weise zu bewirken, wenn die Zustimmung der nachstehenden Gläubiger zu der Zinserhöhung **fehlt**: „Der Zinsfuß beträgt vom 1. Mai 1904 ab 5 eventl. 5$^1/_2$ (oder 6) Prozent. Das über 5 % hinausgehende $^1/_2$ % (1 %) hat Rang hinter den Posten Nr. ... bis ... einschließlich. (Es sind alle bis zum Tage des Einganges des Zinserhöhungsantrages eingetragenen Posten zu nennen, z. B. „Nr. 2—14 einschl.".) Eingetragen am 15. April 1904." Ich halte es für unzulässig, das betr. halbe oder ganze (prinzipale oder eventuelle) Prozent in der Hauptspalte hinter den Hypotheken unter einer neuen Nummer einzutragen. Diese Spalte ist nur für Hypotheken usw. bestimmt (§ 12 Abs. 1 der V. v. 20. 11. 99), also für Eintragungen, die auf eine Geldsumme lauten, wovon bei dem erhöhten, oftmals nur eventuellen

Zinssatze nicht die Rede ist. Es handelt sich eben um eine Veränderung eines eingetragenen Rechtes, welche die Gegner dieser Ansicht unbedenklich neben der Post in der Spalte Veränderungen eintragen würden, wenn die nachstehenden Gläubiger zugestimmt hätten. Daß diese Zustimmung fehlt, kann und darf nicht den Anlaß zu einer Eintragung an einer Stelle (in der Hauptspalte) bieten, die für solche Eintragungen vom Gesetzgeber nicht bestimmt ist, und es ist kein Grund auffindbar, der mich hindern könnte, so einzutragen, wie oben angegeben ist. Ist die Zustimmung der nachstehenden Gläubiger beigebracht, so kann man so schreiben: „Vom 1. Mai 1904 ab ist der Zinsfuß auf 6 % mit dem Range des Kapitales (oder „mit Zustimmung der nachstehenden Gläubiger") erhöht. Eingetragen am 15. April 1904." — Nur im letzteren Falle halte ich es für geboten, die Eintragung der Zinserhöhung den nachstehenden Gläubigern, als den von der Eintragung Betroffenen durch Benachrichtigung kundzutun. Bei der Erhöhung bis zu 5 %, mit der jeder Hypothekengläubiger rechnen muß und bei der Erhöhung über 5 %, aber mit Rang nach den übrigen Eintragungen braucht man keine Nachricht für die sonstigen Hypothekgläubiger zu verfügen.

4. Zu Seite 105. Zinsherabsetzung. Wenn der Zinsfuß z. B. von 5 auf 4 % herabgesetzt wird, so ist das eine Prozent weder in der Spalte 8 (wie Fuchs S. 407 Nr. 5 annimmt) noch in der Spalte 11 zu löschen. Spalte 11 bezieht sich nur auf das in der Hauptspalte eingetragene Recht; Spalte 8 dient nur für die Löschung der in der Spalte Veränderungen eingetragenen Vermerke (§ 12 Abs. 3 der V. v. 20. 11. 99). Das eine Prozent ist also gar nicht zu löschen; vielmehr wird nur in der Spalte Veränderungen eingetragen: „Der Zinsfuß ist vom 1. Januar 1904 ab auf vier Prozent fürs Jahr ermäßigt. Eingetragen am 10. Januar 1904." Das ist bei Briefposten auch auf dem Briefe zu vermerken und reicht völlig aus. Daß die Zinsherabsetzung wie auch die Zinserhöhung vom Eigentümer und Gläubiger in der Form des § 29 G.B.O. zu erklären ist, bedarf nicht der besonderen Hervorhebung.

Alphabetisches Sachregister.

(Die Zahlen bedeuten die Seiten.)

F.

G.

H.

Z.

Herrosé & Ziemsen, Wittenberg.

FSC
www.fsc.org
MIX
Papier | Fördert gute Waldnutzung
FSC® C083411

Kolibri 360 GmbH
Ferdinand-Jühlke-Straße 7
99095 Erfurt, Deutschland
produktsicherheit@kolibri360.de